中华国学·义典

義典

中华国学

贾瑞增◎主编

河北大学出版社
·保定·

出 版 人：朱文富
选题策划：何　东
封面题字：贾瑞增
责任编辑：赵彩霞
助理编辑：陈浩苏
责任校对：刘文娜
责任印制：闻　利

图书在版编目（CIP）数据

中华国学. 义典 / 贾瑞增主编. -- 保定 : 河北大学出版社, 2020.1
ISBN 978-7-5666-1613-5

Ⅰ. ①中… Ⅱ. ①贾… Ⅲ. ①国学－通俗读物
Ⅳ. ①Z126-49

中国版本图书馆 CIP 数据核字 (2020) 第 013264 号

中华国学·义典

主　　编：贾瑞增
出版发行：河北大学出版社
地　址：河北省保定市七一东路 2666 号　　邮编：071000
电　话：0312-5073033　　0312-5073029
邮箱：hbdxcbs818@163.com　　网　址：www.hbdxcbs.com
印　　刷：保定市文昌印刷有限公司
开　　本：185mm×260mm　1/16
印　　张：27
字　　数：140 千字
版　　次：2020 年 1 月第 1 版
印　　次：2020 年 1 月第 1 次印刷
书　　号：ISBN 978-7-5666-1613-5
定　　价：152.00 元

中华国学·义典

编辑委员会

目录

编辑说明

编辑说明

博大精深的中华国学是中国优秀传统文化、传统伦理道德的宝库，不仅是中华民族生生不息、自立于世界民族之林的文化血脉，也是世界文明的重要组成部分。国学典籍蕴含着先人的智慧及其对自然和社会的深刻领悟，对人生、对伦理的认识和感悟。对今天弘扬社会主义核心价值观，实现中华民族伟大复兴仍然有着重要的现实作用。在东西方文明的激荡和交融中，随着中国梦的实现，国学价值必然磅礴于世界，成为人类文明的共同财富。但国学内容博大精深且卷帙浩繁，不是一部书所能容纳的。为此，我们择取了部分颇具现实意义者，以分卷编辑的方式，按内容分类编辑为孝、廉、信、义四册，以飨读者。

前言

前言

在中国最早的文字——甲骨文中，『义』字就出现了，那是一个合体字，『義』上半部分是一只温顺的羔羊，下半部分是表示武器的『我』字。关于『义』字最初的含义，有专家认为从『羊』从『我』，其本义为屠宰牛羊以祭祀。『国之大事，唯祀与戎』，宰牲祭祀是古代国家要做的头等大事，使其具有了正当、公正、合宜的道理和举动的含义。而且是公共行为，绝非私事，公义胜私欲，人们都要深明其意，自觉地去践行。释名解释说：『义，宜也。裁制事物，使合宜也。』天地生万物而不偏私，爱万物而一视同仁，所以『义』的精神，表现在人处世无偏无私，做事光明磊落，公平公正。鲁迅在华盖集续编·『死地』说：『历史上所记的关于改革的事，总是先仆后继者，大部分自然是由于公义。』

代表中国传统思想文化主流意识的儒家，把『仁、义、礼、智、信』规定为人们应该时刻遵行的『五常』，成为人们立身处世的基本原则。儒家经典中，『义』这个字经常出现，论语中提到二十四次，孟子中提到一百零八次、尚书中提到十七次、左传中提到一百一十二次。

无论是居庙堂之高，还是处江湖之远，义都如影随形，塑造着中国人的道德品格。义可以与仁结合为『仁义』，与礼结合为『礼义』，与信结合为『信义』，亦可与其他词结为『正义』『道义』『情义』『侠义』『忠义』『仗义』『节义』等。其含义极为广泛，扩展到哲学、政治、伦理、道德、教育等各方面，成为中华传统美德中的一个十分重要的道德规范和道德评价，也是现代社会中的人履行国家义务、处理人际关系的基本准则，有其积极的当代价值和意义。

一　义是立身处世之本

在儒家看来，从个体的人来讲，义是立身的根本。论语·卫灵公：『子曰：「君子义以为质，礼以行之，孙（逊）以出之，信以成之。」』意思是君子以义作为根本，用礼加以推行，用谦逊的语言来表达，用忠诚的态度来完成，这就是君子了。

论语·阳货中载，子路曾经问：『君子尚勇乎？』子曰：『君子义以为上。君子有勇而无义为乱，小人有勇而无义为盗。』子路在孔子的弟子中以勇武著称，所以他问君子是否崇尚勇武，孔子明确地告诉他，君子最看中的是义，如果君子只恃勇力没有义，就会犯上作乱，而小人只有勇力没有义，就会成为盗贼。

孟子·离娄上说：『仁，人之安宅也；义，人之正路也。』意思是说，仁是人们最安泰的住宅，而义是人们选择的最正确的道路，一言一行、时时处处都应该谨慎选择。

义涉及人修身立世的各个方面，战国时，齐国人鲁仲连游历到赵国，适逢秦国围赵之邯郸，鲁仲连坚持正义，力主抗秦，反对投降，并和魏国派到赵国的『亲秦派』辛垣衍展开激烈论争，最终说服了平原君和新垣衍。此时，魏公子无忌夺取了魏国援军的军权来救赵国，邯郸解围。平原君欲呈请赵王封其为官，并欲赠黄金千两，他坚辞不受。鲁仲连说：『所贵于天下之士者，为人排患、释难、解纷而不取也。』即辞平原君而去。此义举为人所赞许，鲁仲连也成为士大夫义行的楷模。

后汉书·宋弘传记载，东汉初，宋弘官居大司空，位列三公，位高权重，深得光武帝刘秀器重。光武帝的姐姐湖阳公主守寡，看上了宋弘，光武帝亲自找宋弘商议，对宋弘说：『谚言贵易交，富易妻，人情乎？』宋弘说：

『臣闻贫贱之知不可忘，糟糠之妻不下堂。』光武帝只得跟湖阳公主说，看来这事儿办不成了。宋弘不因地位变化而抛弃『糟糠妻』，这是丈夫之义。

后汉书·逸民列传·梁鸿传记载，东汉人梁鸿，年轻时家里很穷，他很有学问，但是不愿意做官，和妻子孟光二人隐居在灞陵（今陕西长安区东）的深山里，共同劳动，互助互爱，彼此又极有礼貌。梁鸿每天劳动后回到家里，孟光就把饭菜都准备好了，摆在托盘里，双手捧着，举得像自己的眉毛那样高，恭恭敬敬地送到梁鸿面前，梁鸿高兴地接过来。夫妻相敬如宾，举案齐眉，这是夫妻之义。

义的最高标准是为国为民舍生取义。据宋史记载，南宋文天祥就义后，在其衣带中发现这样一段赞文：『孔曰成仁，孟曰取义，唯其义尽，所以仁至。读圣贤书，所学何事？而今而后，庶几无愧！』由这段赞文可看出文天祥的浩然正气。『孔曰成仁，孟曰取义』，体现了儒家思想精髓。

『孔曰成仁』出自论语·卫灵公，子曰『志士仁人，无求生以害仁』。意思是，志士仁人是勇于牺牲来成全仁德的。

『孟曰取义』出自孟子·告子上：『生，亦我所欲也；义，亦我所欲也。二者不可得兼，舍生而取义者也。』意思是，生命是我所想要的，义也是我所想要的，如果两者不能并有，便牺牲生命，而选择义。

孟子突出了『义』。他提出『仁义礼智』四端，认为『人之有是四端也，犹其有四体也』。而在这四端之中，孟子尤为看重仁与义，他常常将仁与义并举，『仁，人心也；义，人路也。舍其路而弗由，放其心而不知求，哀哉！』意思是仁是人的心，义是人的路，放弃了那条正路不走，丧失了那善良之心而不知道去找，可悲呀！因此在面对生命与义，需要二选一时，孟子主张舍生取义。

『孔曰成仁，孟曰取义』正是儒家思想的核心内容，折射出一种源远流长、亘古不变、关于生死价值的精神气节。

儒家理论认为，维持一个国家的良好秩序，维护社会的公平正义，每个人都要按照义的要求去行事。孟子·告子章句下中说：『为人臣者怀仁义以事其君，为人子者怀仁义以事其父，为人弟者怀仁义以事其兄，是君臣、父子、兄弟去利，怀仁义以相接也。然而不王者，未之有也。』管子·心术上中也说：『义者，谓各处其宜也。礼者，因人之情，缘义之理，而为之节文者也。故礼者谓有理也。理也者，明分以谕义之意也。故礼出乎义，义出乎礼，理因乎宜者也。』

人处在不同的社会地位，就要按照自己的身份去履行自己的职责，这就是义，这就是合宜的。即使是为君者也不能任性而为，否则其统治的国家就会衰败，甚至国破身亡。夏桀、商纣王就是这样不义的典型例子，他们都自恃勇力，刚愎自负，荒淫无道，暴虐天下，最终导致国家灭亡，落得死无葬身之地。

而与他们相映衬的是龙逄、比干。龙逄，据记载姓关，是夏桀时的大臣，他看不下夏桀的荒淫，为了国家社稷，屡次犯颜直谏，夏桀不仅不听，还把龙逄关起来，最后将其杀掉。龙逄成为中国历史上『文死谏』的第一人。比干是历史上第二个以死谏君的忠臣，他是商纣王的叔父和丞相，比干对纣王倒行逆施的暴虐统治不满，多次谏阻纣王的荒淫行为，纣王不听，比干就在摘星楼强谏三日不离开。纣王暴怒地说：『吾闻圣人心有七窍，剖比干观其心。』

龙逄、比干堪称千古忠义的典型，然而他们的忠义行为却没有达到匡正君主的目的，也没能挽救国家的败亡。是否可从另一个角度进行思考呢？唐太宗和魏徵就有过忠臣与良臣的讨论。魏徵的耿直是有名的，也因此得罪了一些人。有一次，有人向太宗告发魏徵结党营私、图谋不轨。太宗便派御史大夫闻彦博前去查办，但查来查去并没有查出魏徵有这种问题，就向太宗汇报说：『魏徵行为有不检点的地方，以致遭到别人的毁谤，也应该受到责备。』太宗又派阎彦博嘱咐魏徵，要他注意检点自己的行为。几日后，魏徵往见太宗，对太宗说：『古人云，要想把一个国家治理好，君臣应该同心协力。如果君臣不能坦诚相待，为臣的专门在检点自己的行为上下工夫，处处谨小慎微，国家就难以兴盛。所以，对于您要我检点行为的训示，我不敢遵从。』唐太宗听后，觉得魏徵讲得有道理，连忙说：『爱卿言之有理，是朕不对。』魏徵拜谢说：『我有幸能够侍奉陛下，希望陛下不要让我做忠臣，而要让我做良臣。』太宗不解地问：『忠臣与良臣有何区别？』魏徵回答说：『所谓忠臣，像龙逢、比干那样，面折廷争，虽然给君主提出许多好的建议，忠心耿耿地劝谏君主，但不被君主采纳，最后却是身诛国亡；所谓良臣，就是像稷、契、皋陶那样，能给君主提出许多好的意见，并被君主采纳，君臣同心，因而身得美名，并能与君主同享荣华富贵。这就是忠臣和良臣的区别。』唐太宗听后，连连点头称是。

由此看来，欲成义举，既要有胆略，又要根据不同对象采取不同方法，不然，一味地面折廷争，经常触怒君主，久而生厌，虽然是尽心尽力了，但却无益于事，轻者被贬斥，重则被诛杀，而且对国家也有伤害。

董仲舒在春秋繁露·仁义法中说：『义在正我，不在正人，此其法也。』在现代社会，要治理好国家，也需要上下协心，各级公务人员、社会各个阶层，按照各自的职责和分工，尽职尽责地完成自己所分担的那份社会责任，谨守道德和法治，人人都从我做起，这就是义之所在。

三 正确处理义利之关系

『义』与『利』是一对矛盾的统一体，有人认为在儒家理论中，义和利是完全对立的。实际上如何呢？孔子以义与利相对照，他说：『君子喻于义，小人喻于利。』（论语·里仁）又说：『见利思义。』要求人们在物质利益面前，首先应考虑要符合义，认为『义然后取』，不是不能取，而是符合『义』才能取，所以他又说：『不义而富且贵，于我如浮云。』（论语·述而）

孟子是儒家义利之辨的代表性人物。他曾去见梁惠王，一见面梁惠王就问：『您老先生不远千里而来，一定会有对我的国家有利的高见吧？』孟子回答：『大王！何必说利呢？只要仁义就行了。如大王说「怎样使我的国家有利？」大夫就会说「怎样使我的家庭有利？」一般士人和老百姓就会说：怎样使我自己有利？」上至君主下至百姓，大家互相争夺利益，那国家就危险了。』孟子又讲：『如果人们把义放在后面，把利摆在前面，欲望就永远不会满足。从另一个方面来说，从来没有讲『仁』的人却抛弃父母的，也从来没有讲义的人却不顾君主的。所以，大王只说仁义就行了，何必说利呢？』从表面看，孟子好像是在排斥利。然而，孟子是有民本思想的，他讲：『民为贵，社稷次之，君为轻。』要求君主『为民制产』『使黎民不饥不寒』『养生丧死无憾』。君主要『吊民代罪』，推恩以『保四海』，并主张『薄其赋敛』『去关市之征』，以利便商贾行旅。

儒家所主张的利，是在『仁』『义』之道基础上的利。荀子对于儒家的义利观也有明确阐述，他说：『正利而为谓之事，正义而为谓之行』。以『利』为目的而为之，谓之『事』，指农工商业等。以『义』为目的而为之，谓之『行』，是德行的实践。意思是要以正确的道路成就德行和事业。

儒家学说，尤其孟子大义为先的思想，激励着志士仁人为民族大义前赴后继、舍生取义，这些思想精华，在中华民族历史发展进程中，升华为『见义勇为』『大义为先』以及『先天下之忧而忧，后天下之乐而乐』『天下兴亡，匹夫有责』的浩然正气。让民族于危难中重义轻利，不论是在古代的匡扶社稷、反抗外敌侵略，还是在近代以来反封建斗争、反侵略的民族解放战争中，重『义』的思想融入他们心中，在国家危难之时挺身而出，为了大义、为了民族和国家的利益而牺牲自己的利益乃至生命。

明代的杨继盛，在国家外患多难之时，反对严嵩、仇鸾等奸臣的逆行，上请罢马市疏，力陈开马市之『十不可』与『五谬』，结果反遭迫害，罢官下狱遭贬谪，可这并没有让他沉沦，重返朝廷后，又上疏弹劾内阁首辅严嵩，历数严嵩十罪、五奸，却被严嵩陷害，将他列在死刑犯中。临刑之前，他写下了『铁肩担道义，辣手著文章』的对联。

中国共产主义运动的先驱李大钊，当他走出家乡，到天津北洋法政专门学校求学后，清王朝统治的腐败黑暗和帝国主义列强的铁蹄对中国的践踏，激发了他的爱国热情，矢志追求救国救民的真理的他将自己的书斋取名『筑声剑影楼』，取荆轲剑刺秦王、高渐离以筑击秦始皇的故事，表明他忧国忧民、奋不顾身、立志推翻清王朝的腐朽统治的决心。李大钊把杨继盛的『铁肩担道义，辣手著文章』易一字为『铁肩担道义，妙手著文章』，并时时以此激励自己。他以救国拯民为己任，有着博大的爱国主义襟怀，以其革命思想和革命实践，为中国传统的道义注入了新的内涵。

明朝的刘宗周曾说过：『义也者，天下之公也；利也者，一己之私也。』由此看来，义与利的区别在于是公还是私。如果一个人的行为维护了国家和公众的利益，就是义举；如果其行为只从维护个人的私利出发，为了一己私利不惜损害国家和公众的利益，就是不义之举，这是衡量一个人道德和价值观高尚与低下的试金石。生活在和平时期的我们，应该欣赏、钦佩并推崇重义轻利、见义勇为的行为。

四　中华国学·义典的编写体例说明

中华国学·义典承续《孝典》《廉典》《信典》的基本体例，仍由『典论篇』『践行篇』两部分构成。

（一）典论篇

1　『典论篇』从古代文献中精选一百条论述『义』的经典文本，均注明出处。为了保持经典原貌，所选各条均未译成白话文，只对其中个别生僻字做注音。

2　本书主要选择古代典籍和诸子原典，以保持『义』的原初赋义和国学本貌。

3　所选各条论述『义』之经典文本，均附有保定市书法名家的墨迹，继续为读者提供多方面的文化艺术滋养。

（二）践行篇

1　『义』在中华民族文化品格和价值观念的塑造上发挥了重要作用，历史上流传着许多正道行义的感人故事。为了讲好义行故事，使正道行义的品格和精神大放光彩，培树社会主义核心价值观，『践行篇』以古今人物的义行故事为基础，请保定市绘画名家配图，使义典更为生动，便于阅读和传播。

2　义典所选古代义行故事占百分之九十，现当代占百分之十，所选都是在义行方面较为典范的事迹，考虑到『义』的传承，更侧重于古代义行故事，意在弘扬中国传统道德和文化，夯实、筑牢社会主义核心价值观的根基。

3　义典配图，每例文字在三百五十字左右，和『典论篇』一样，遵时取古，择取与时代相呼应、与社会主义价值观相契合的义的故事。

这套丛书由贾瑞增同志任总编辑。贾瑞增同志曾任保定地委副书记、河北大学党委书记、保定市政协主席，自著或主编多部著作，是名副其实的保定文化耆宿、文坛领军、学界巨擘，贺敬之、戴舟、徐纯性、李文珊等为之击节叹赏。贾瑞增同志做总编辑，这部书可以收『顶层设计』之效；参与这项工程的同志无论文字编辑还是绘画、书法编辑均为学业有成、名重一方的专业翘楚。有这样的领军人物和作者团队，这套丛书的学术底蕴、文化品位就有了充分保障，相信会为广大读者提供健康的心灵滋养。

编 者

二〇一九年十月

凡例

凡例

一、编纂宗旨。为弘扬博大精深的中国优秀传统文化，发挥国学的现实作用，保定市文化产业协会组织编写了中华国学系列丛书。本书是第四部，名称为中华国学·义典。

二、编纂体例。本书分『典论篇』和『践行篇』两部分，彰显知与行相结合。『典论篇』从国学典籍关于义的理论中按照『义』的本源性，『义』的本义、含义、衍义选录出来，以便使读者了解和掌握『义』的思想、精义和行为准则。『践行篇』精选中国古今一百则义士故事，树立忠义的典型，起到向上、向善的引导作用。

三、历史分期。『践行篇』中的一百篇义士故事，按照中国历史分期，古代（自远古至一九一一年）八十三篇，现当代（一九一二年至今）十七篇。跨时期的人物以事迹发生的时间界定。

四、文字。『践行篇』每则人物故事三百五十字左右，无论古今人物均用白话文记述，力求既文辞雅训，又通俗易懂，适合各阶层读者阅读。

五、人物记述。『践行篇』所记述人物事迹以『义』为核心，展现其具体的忠义行为，不记述人物生平。

六、人物记述。『践行篇』中每一篇文章，均命以七字句标题，一般前为人名，后为人物事迹核心内容概括。

七、书法。『典论篇』每条典论均配以相应内容的书法作品。

八、插图。『践行篇』每则人物故事均配一幅插图，采用中国传统绘画技法，形象展示故事核心内容。

目录

典论篇

践行篇

典论篇

子曰：『君子义以为质，礼以行之，孙（逊）以出之，信以成之。』

——论语·卫灵公

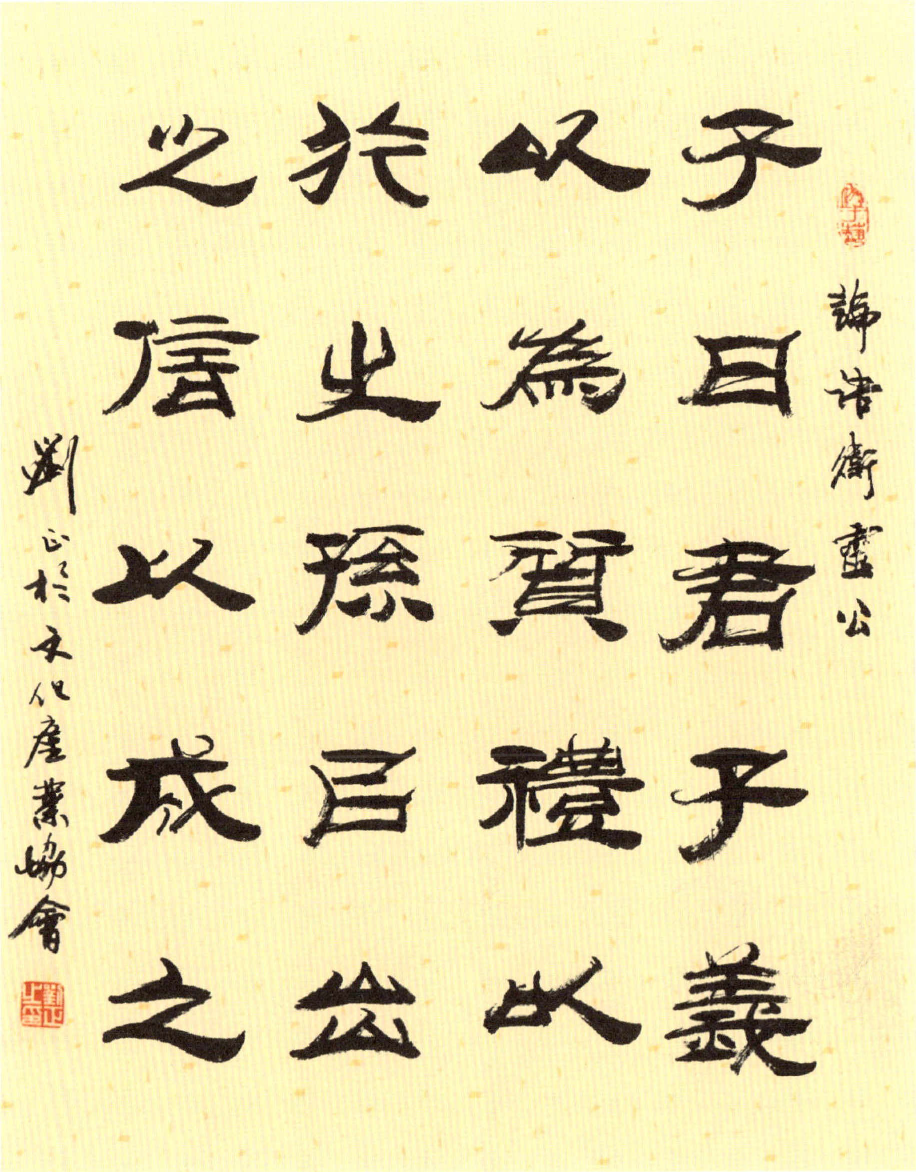
子曰君子義以為質禮以行之孫以出之信以成之
論語衛靈公
劉正於文化產業協會

子路曰：『君子尚勇乎？』子曰：『君子义以为上。君子有勇而无义为乱，小人有勇而无义为盗。』

——论语·阳货

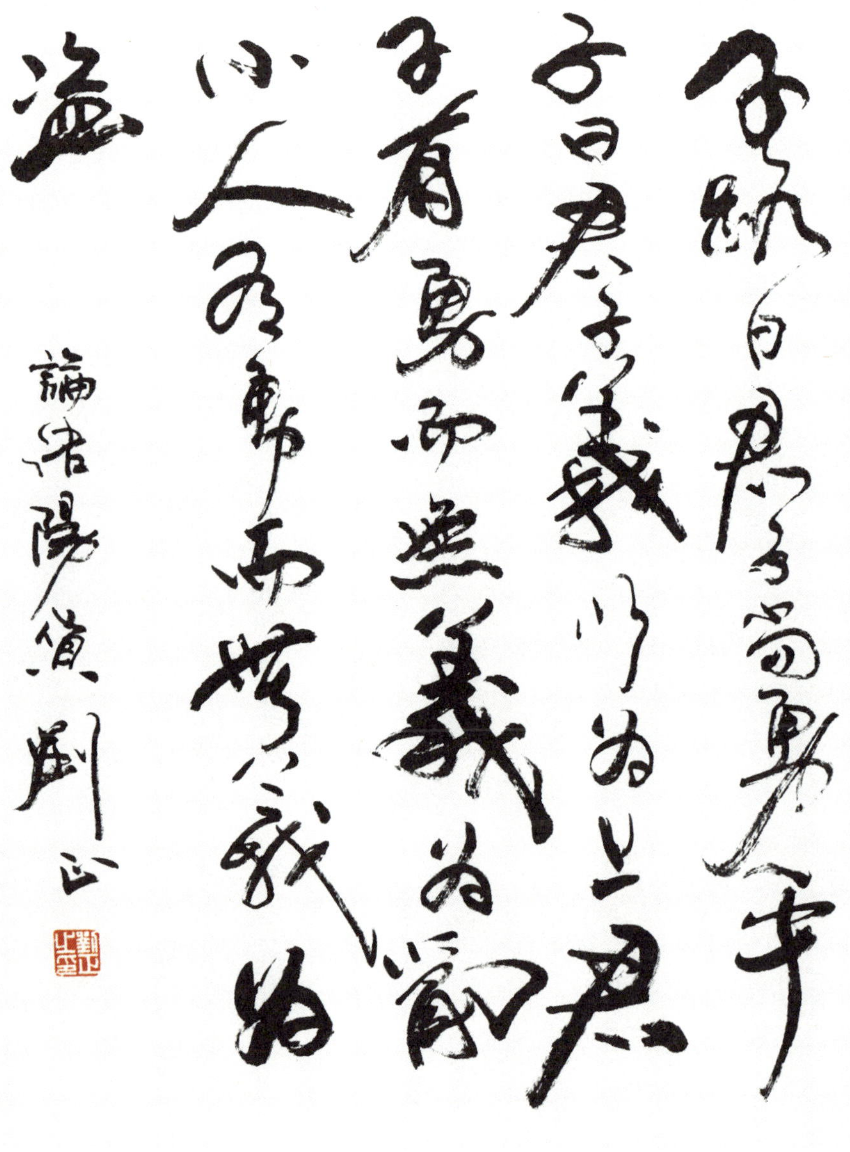

子路曰：『不仕无义。长幼之节，不可废也；君臣之义，如之何其废之？欲洁其身，而乱大伦。君子之仕也，行其义也。』

——论语·微子

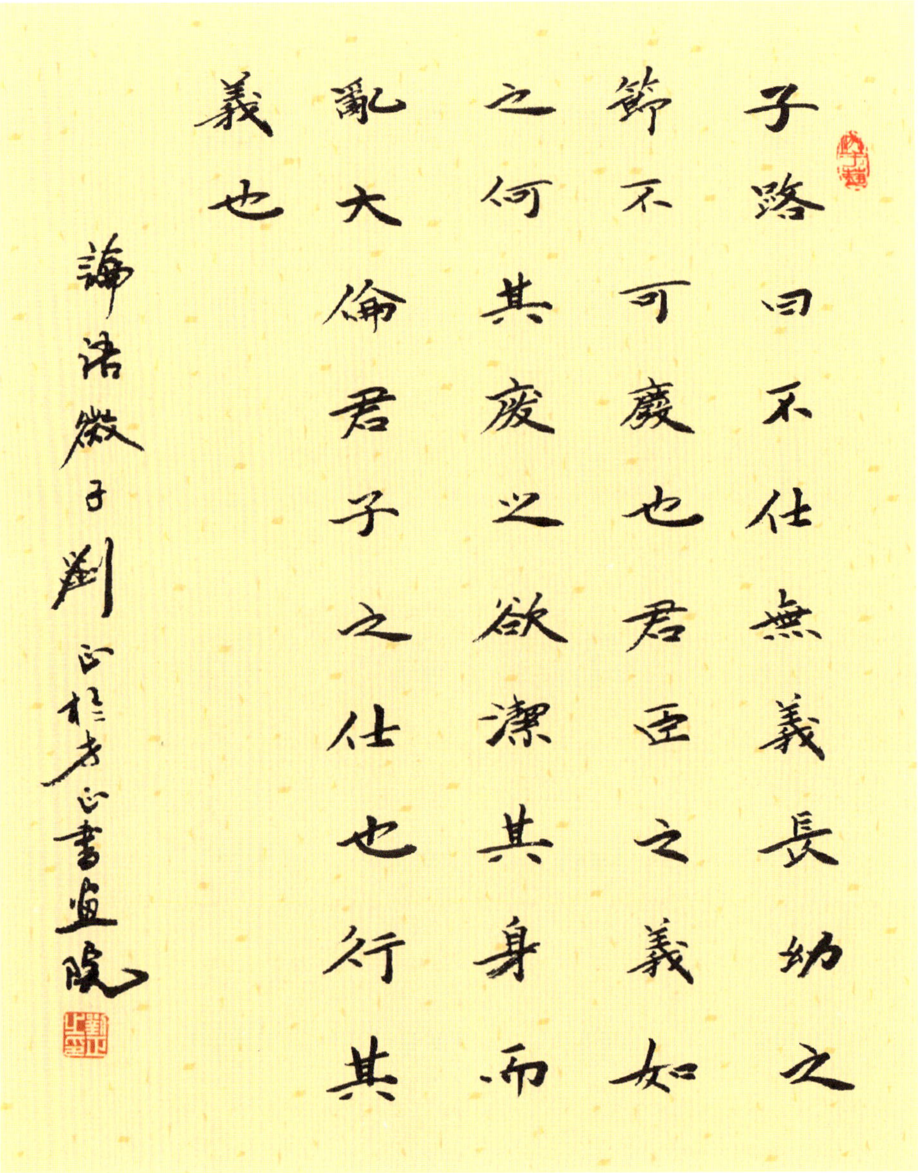
子路曰不仕無義長幼之
節不可廢也君臣之義如
之何其廢之欲潔其身而
亂大倫君子之仕也行其
義也
論語微子

子曰：『君子之于天下也，无适也，无莫也，义之与比。』

——论语·里仁

子曰君子之於天下也無適也無莫也義之與比
論語里仁 劉正

君子敬以直内，义以方外，敬义立而德不孤。

——周易·坤

君子敬以直内
義以方外敬義
立而德不孤
周易坤
劉訶

子曰：『德之不修，学之不讲，闻义不能徙，不善不能改，是吾忧也。』

——论语·述而

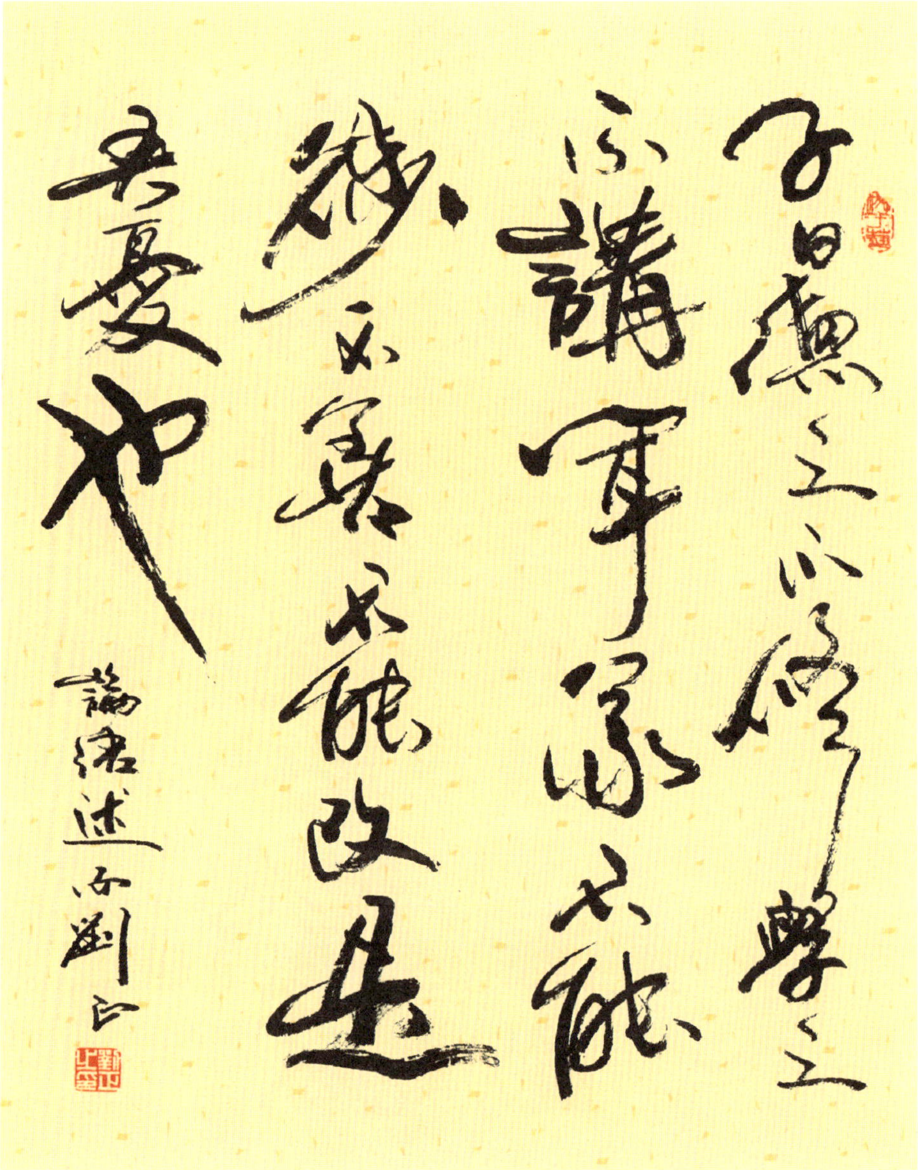
子曰德之不修学之不讲闻义不能徙不善不能改是吾忧也

夫达也者，质直而好义，察言而观色，虑以下人。

——论语·颜渊

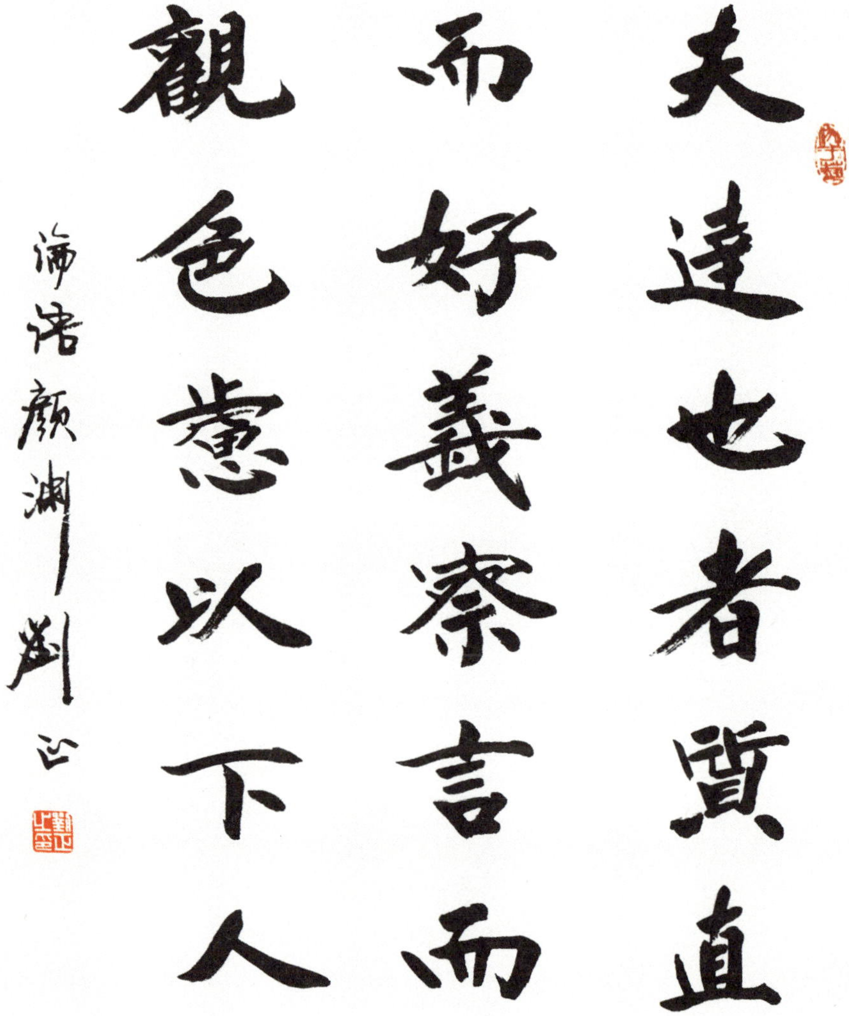
夫達也者質直
而好義察言而
觀色慮以下人
論語顏淵

子墨子曰：『万事莫贵于义』。

——墨子·贵义

子墨子曰萬
事莫貴於義
墨子貴義
劉□

仁，人之安宅也；义，人之正路也。旷安宅而弗居，舍正路而不由，哀哉！

——孟子·离娄上

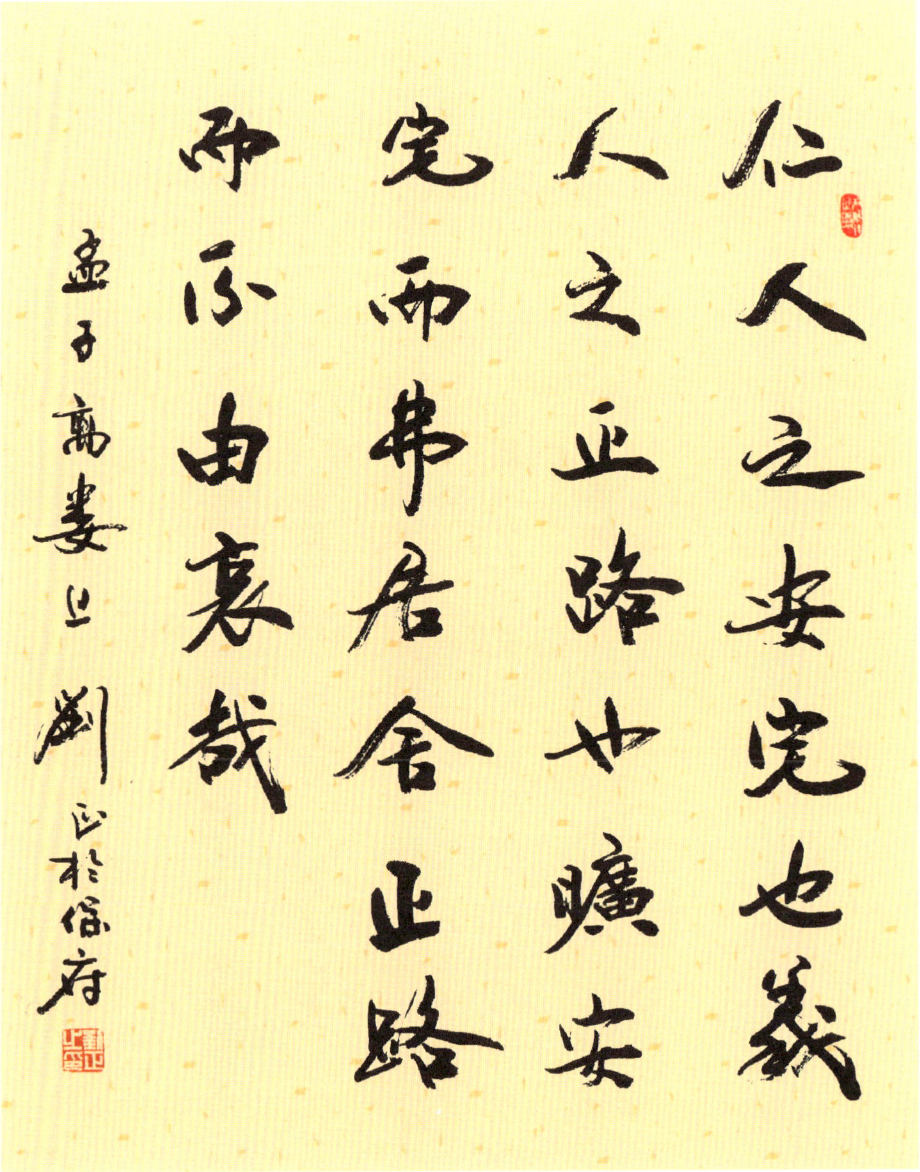
仁人之安宅也義
人之正路也曠安
宅而弗居舍正路
而不由哀哉
孟子離婁上

义有七体。七体者何？曰：孝悌慈惠，以养亲戚；恭敬忠信，以事君上；中正比宜，以行礼节；整齐撙诎，以辟刑戮；纤啬省用，以备饥馑；敦蒙纯固，以备祸乱；和谐辑睦，以备寇戎。凡此七者，义之体也。

——管子·五辅

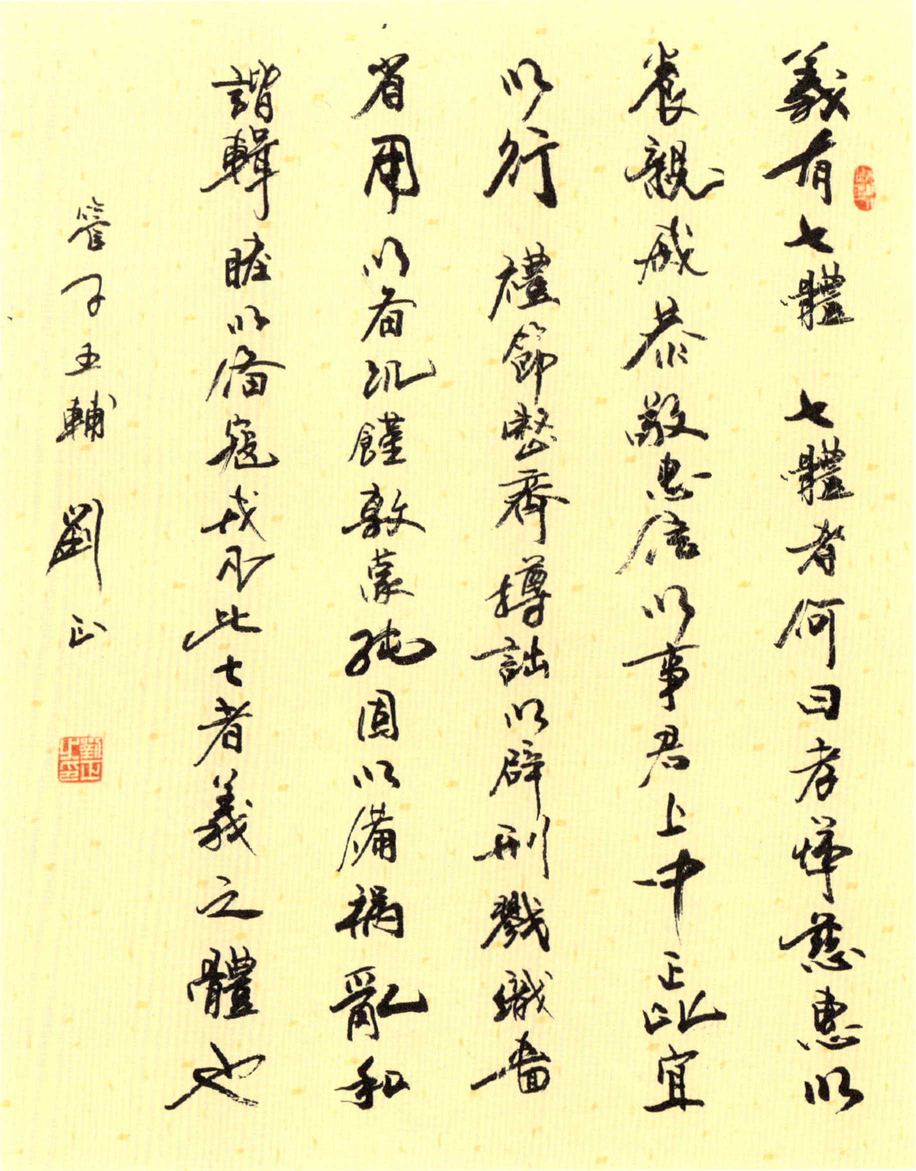
義有七體 七體者何曰孝悌慈惠以
養親戚恭敬忠信以事君上中正比宜
以行禮節整齊撙詘以辟刑戮纖嗇
省用以備飢饉敦懞純固以備禍亂和
諧輯睦以備寇戎凡此七者義之體也
管子五輔 劉正

所谓义者，为人臣忠，为人子孝，少长有礼，男女有别。非其义也，饿不苟食，死不苟生。

——〰商君书·画策〰

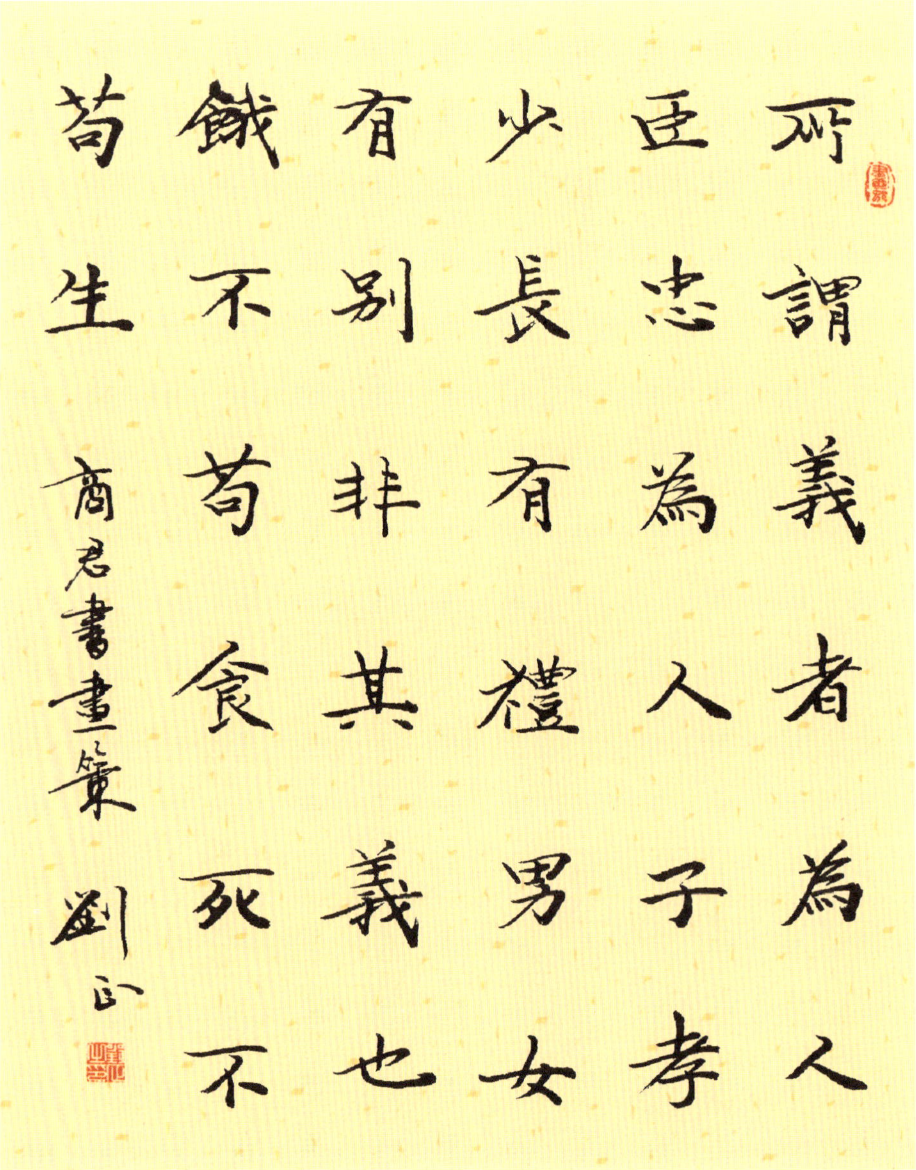
所謂義者為人
臣忠為人子孝
少長有禮男女
有別非其義也
餓不苟食死不
苟生
商君書畫策
劉正

夫义者，所以限禁人之为恶与奸者也。

——荀子·强国

夫義者所以限
禁人之為惡與
姦者也
荀子彊國 劉正

志意修则骄富贵，道义重则轻王公，内省而外物轻矣。传曰：『君子役物，小人役于物。』此之谓矣。身劳而心安，为之；利少而义多，为之。

——荀子·修身

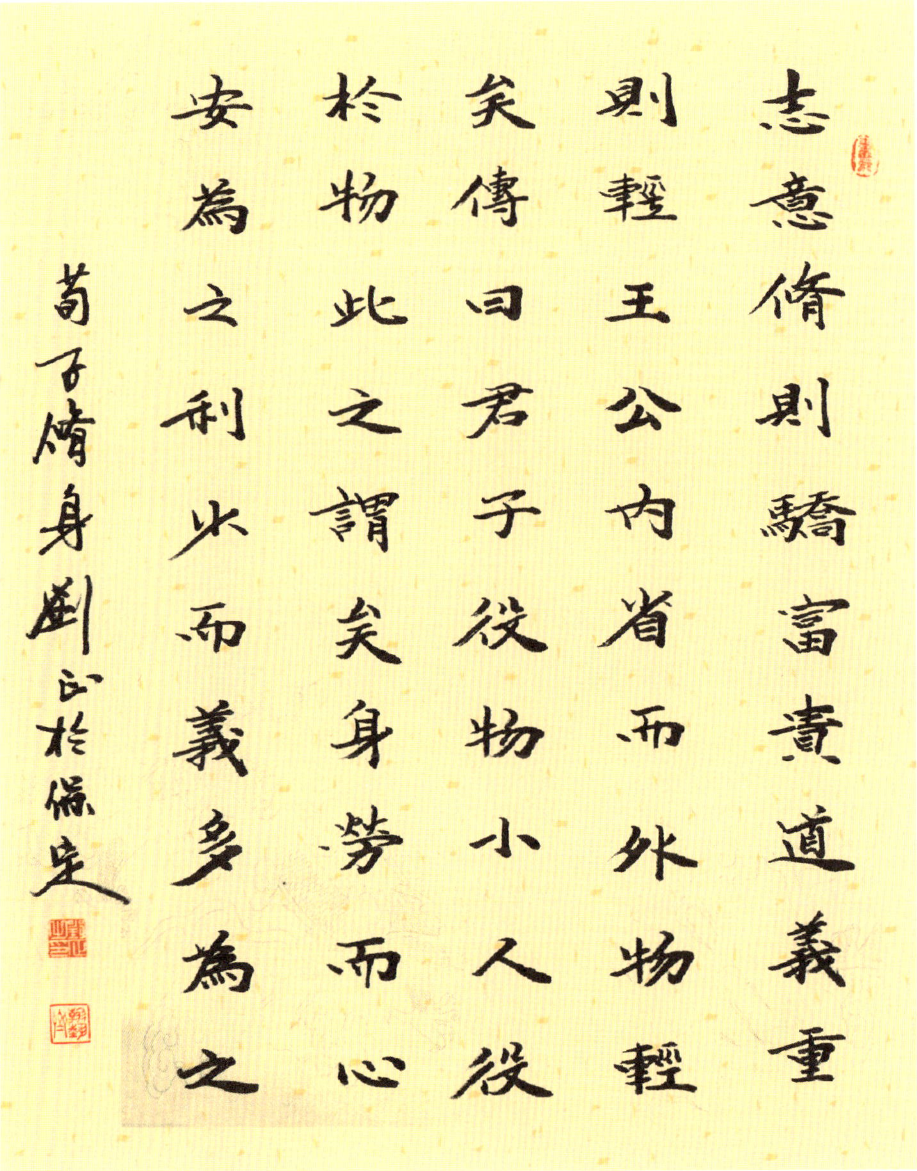
志意脩則驕富貴道義重
則輕王公內省而外物輕
矣傳曰君子役物小人役
於物此之謂矣身勞而心
安為之利少而義多為之
荀子脩身 劍正於保定

学恶乎始？恶乎终？曰：『其数则始乎诵经，终乎读礼；其义则始乎为士，终乎为圣人。』

——荀子·劝学

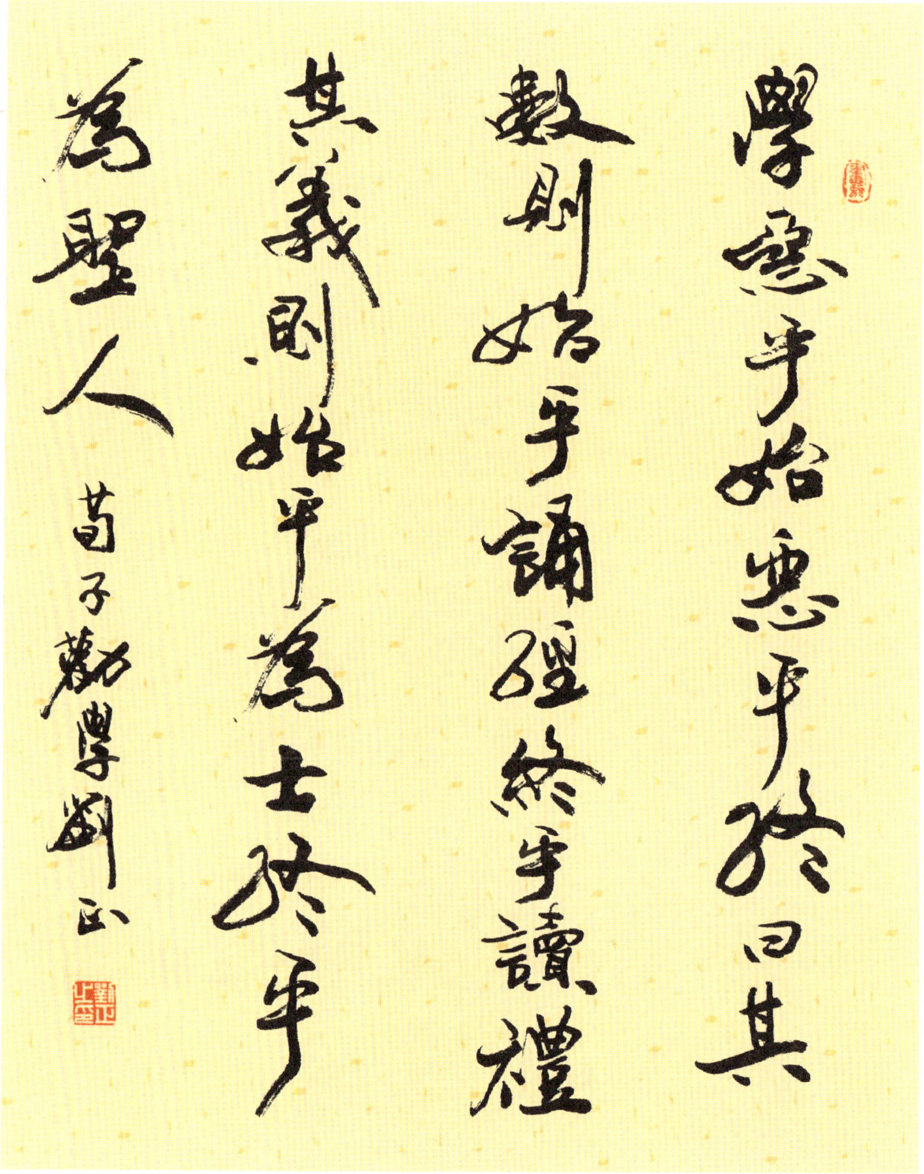
學惡乎始惡乎終曰其
數則始乎誦經終乎讀禮
其義則始乎為士終乎
為聖人
荀子勸學 劉正

『涂之人可以为禹。』曷谓也？曰：『凡禹之所以为禹者，以其为仁义法正也。然则仁义法正有可知可能之理。然而涂之人也，皆有可以知仁义法正之质，皆有可以能仁义法正之具，然则其可以为禹明矣。』

——荀子·性恶

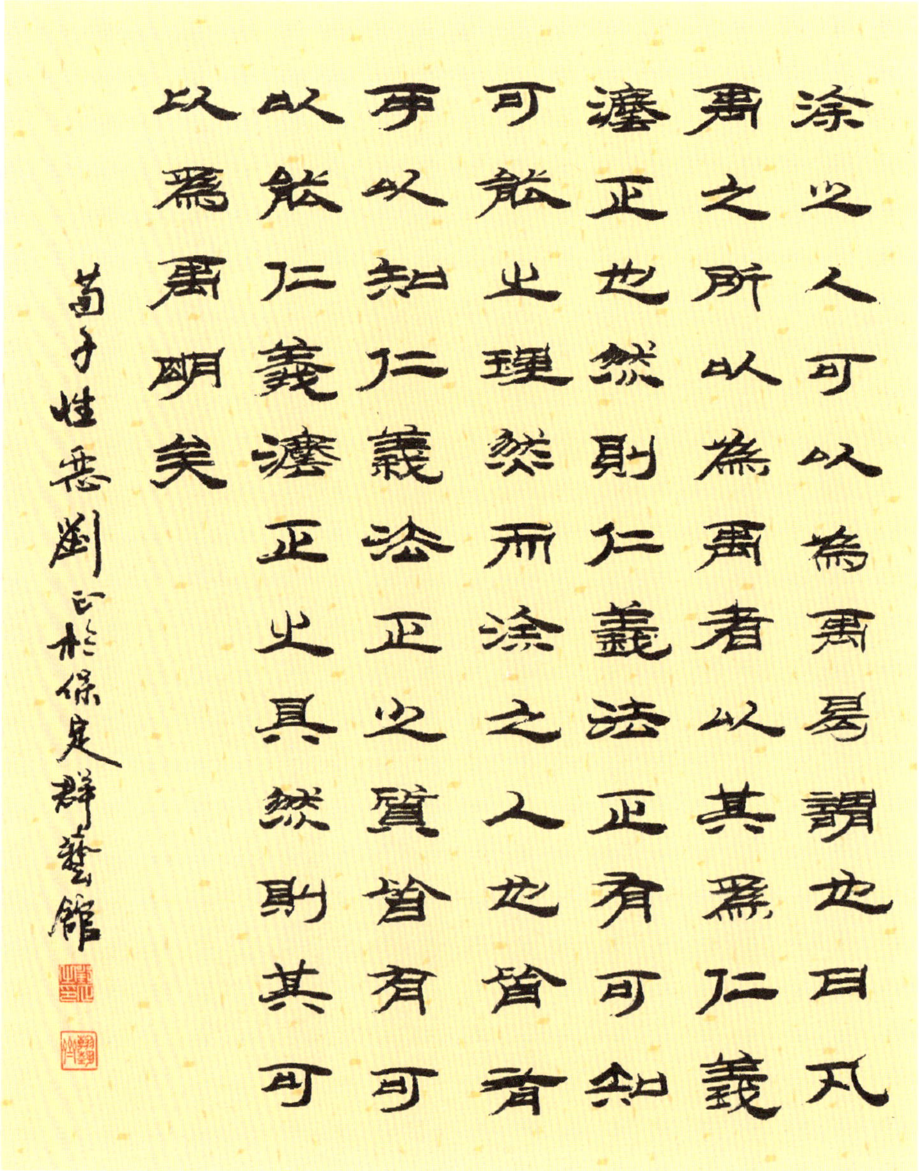
涂之人可以為禹曷謂也曰凡
禹之所以為禹者以其為仁義
灋正也然則仁義法正有可知
可能之理然而涂之人也皆有
可以知仁義法正之質皆有可
以能仁義灋正之具然則其可
以為禹明矣
荀子性惡 劉巳於保定群藝館

义在正我，不在正人，此其法也。

——董仲舒春秋繁露·仁义法

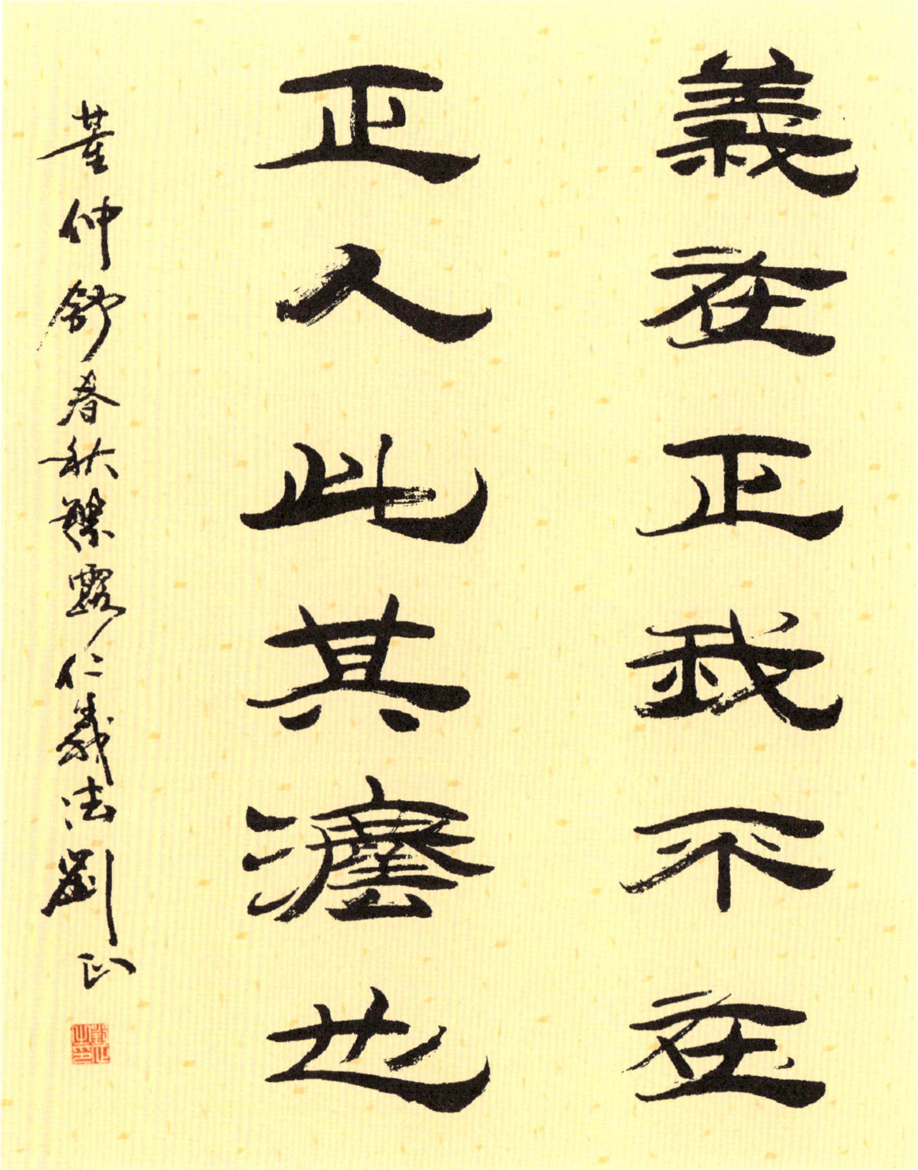
義在正我不在
正人此其蹇也
董仲舒春秋繁露仁義法 劉正

人好义者，谓之自好；人不好义者，谓之不自好。

——董仲舒春秋繁露·仁义法

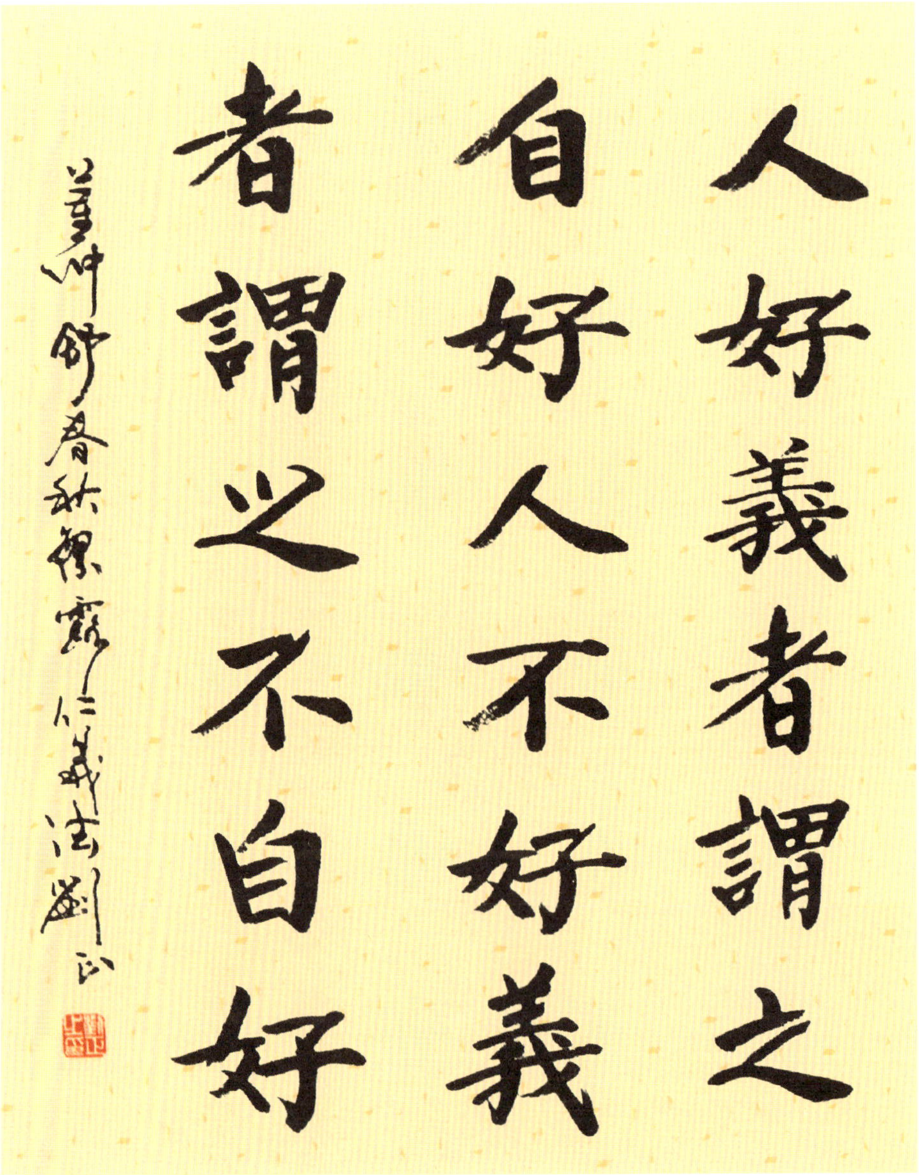
人好義者謂之
自好人不好義
者謂之不自好
董仲舒春秋繁露仁義法

人虽有欲，当有信而知义，故言其大无信，不知命，为可恶也。苟唯欲之从，则人道废而入于禽兽矣。

——程氏·经说·蝃蝀

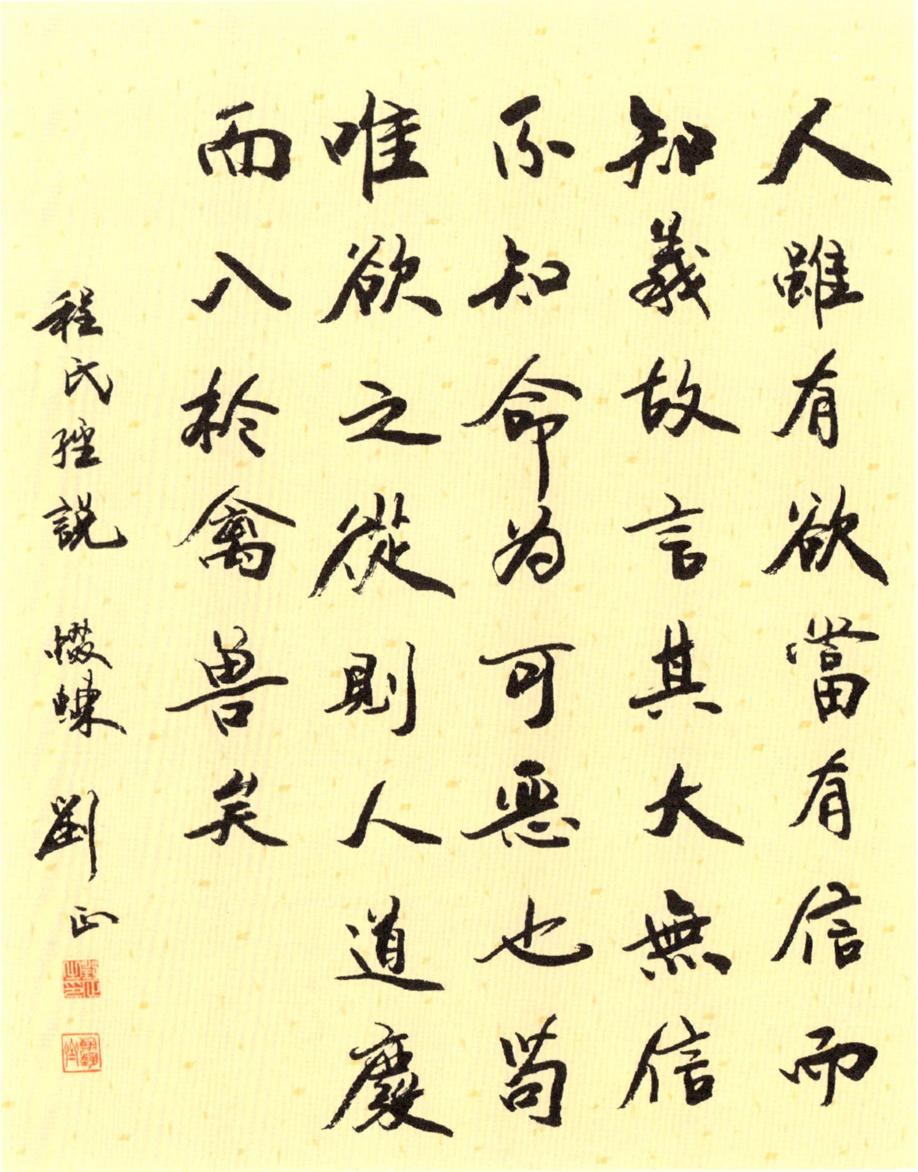
人雖有欲當有信而
知義故言其大無信
不知命為可惡也苟
唯欲之從則人道廢
而入於禽獸矣
程氏經說
劉正

禹之行水也，使水由地中行；君子之于欲也，使一于道义。……君子一于道义，使人勿悖于道义，如斯而已矣。

——戴震《原善》

禹之行水也使水由地中
行君子之於欲也使一於
道義君子一於道義使
人勿悖於道義如斯而已
矣
戴震原善 劉正

敬长，义也。

——孟子·尽心上

近不失亲，远不失举，可谓义矣。

——左传·昭公二十八年

近不失親遠
不失舉可謂
義矣
左傳昭公二十八年
劉正書

义者，君臣上下之事，父子贵贱之差也，知交朋友之接也，亲疏内外之分也。

——韩非子·解老

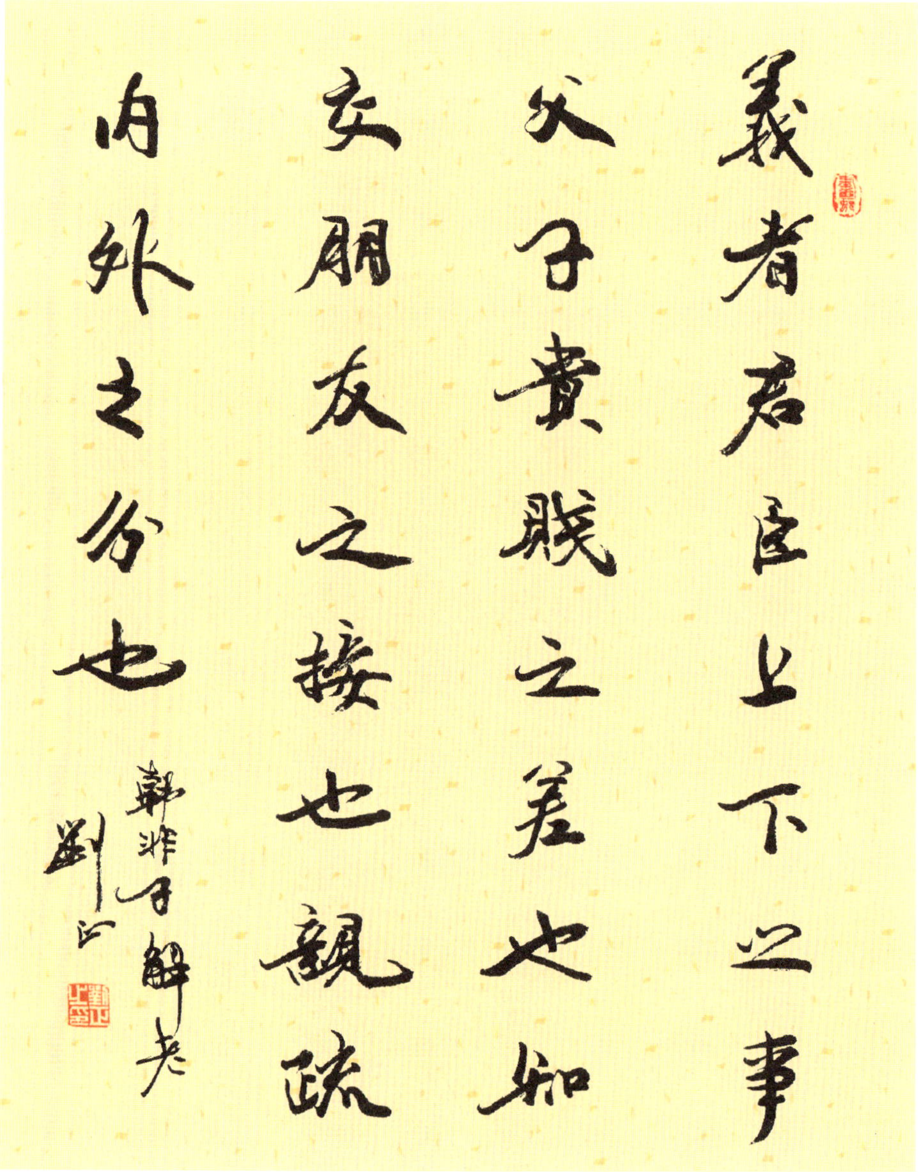
義者君臣上下之事
父子貴賤之差也知
交朋友之接也親疏
內外之分也
韓非子解老
劉正

遇君则修臣下之义，遇乡则修长幼之义，遇长则修子弟之义，遇友则修礼节辞让之义，遇贱而少者，则修告导宽容之义。

——荀子·非十二子

遇君則脩臣下之義遇鄉
則修長幼之義遇長則脩
子弟之義遇友則脩禮節
辭讓之義遇賤而少者則
修告導寬容之義

荀子非十二子 劉正

水火有气而无生，草木有生而无知，禽兽有知而无义。人有气、有生、有知，亦且有义，故最为天下贵也。力不若牛，走不若马，而牛马为用，何也？曰：人能群，彼不能群也。人何以能群？曰：分。分何以能行？曰：义。故义以分则和，和则一，一则多力，多力则强，强则胜物。

——荀子·王制

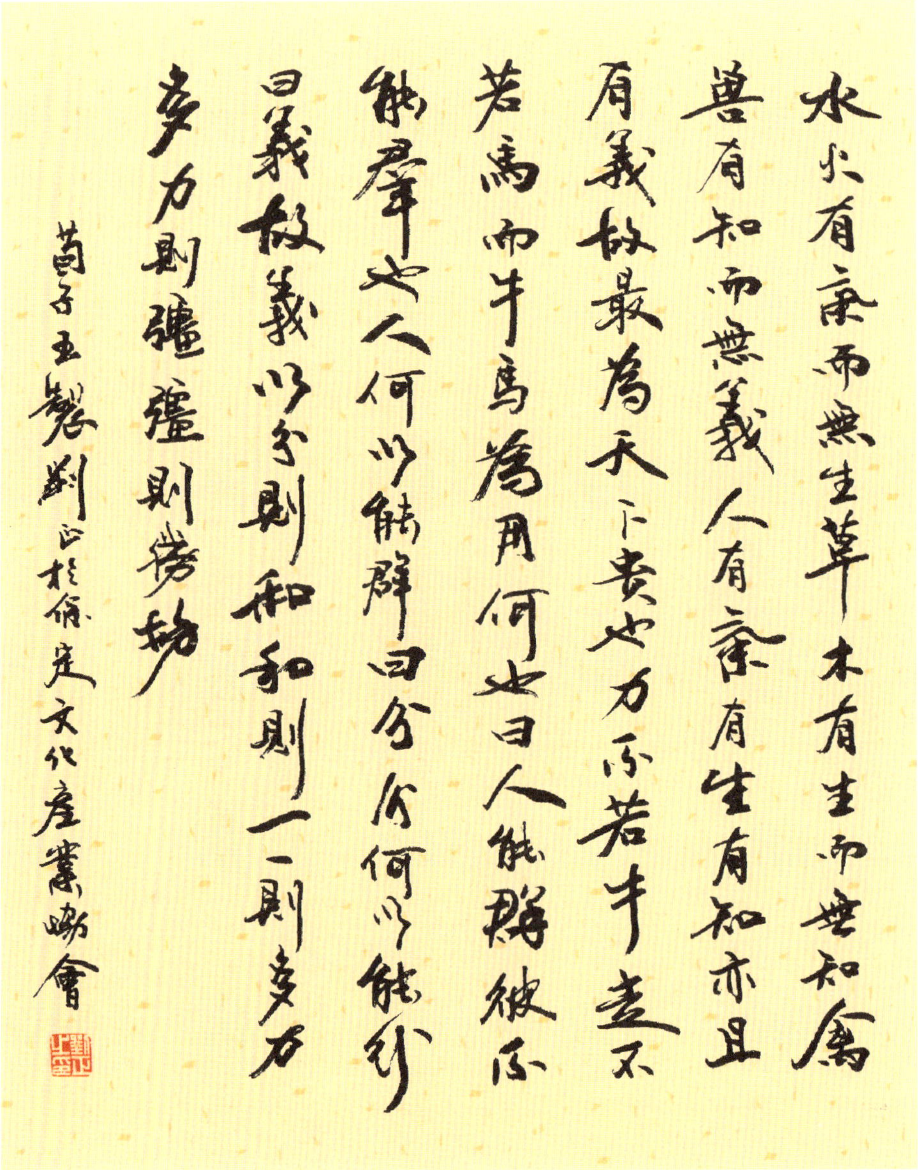
水火有气而无生，草木有生而无知，禽兽有知而无义，人有气有生有知亦且有义，故最为天下贵也。力不若牛，走不若马，而牛马为用，何也？曰：人能群，彼不能群也。人何以能群？曰：分。分何以能行？曰：义。故义以分则和，和则一，一则多力，多力则彊，彊则胜物。
荀子王制

贵贵尊尊，义之大者也。

——礼记·丧服四制

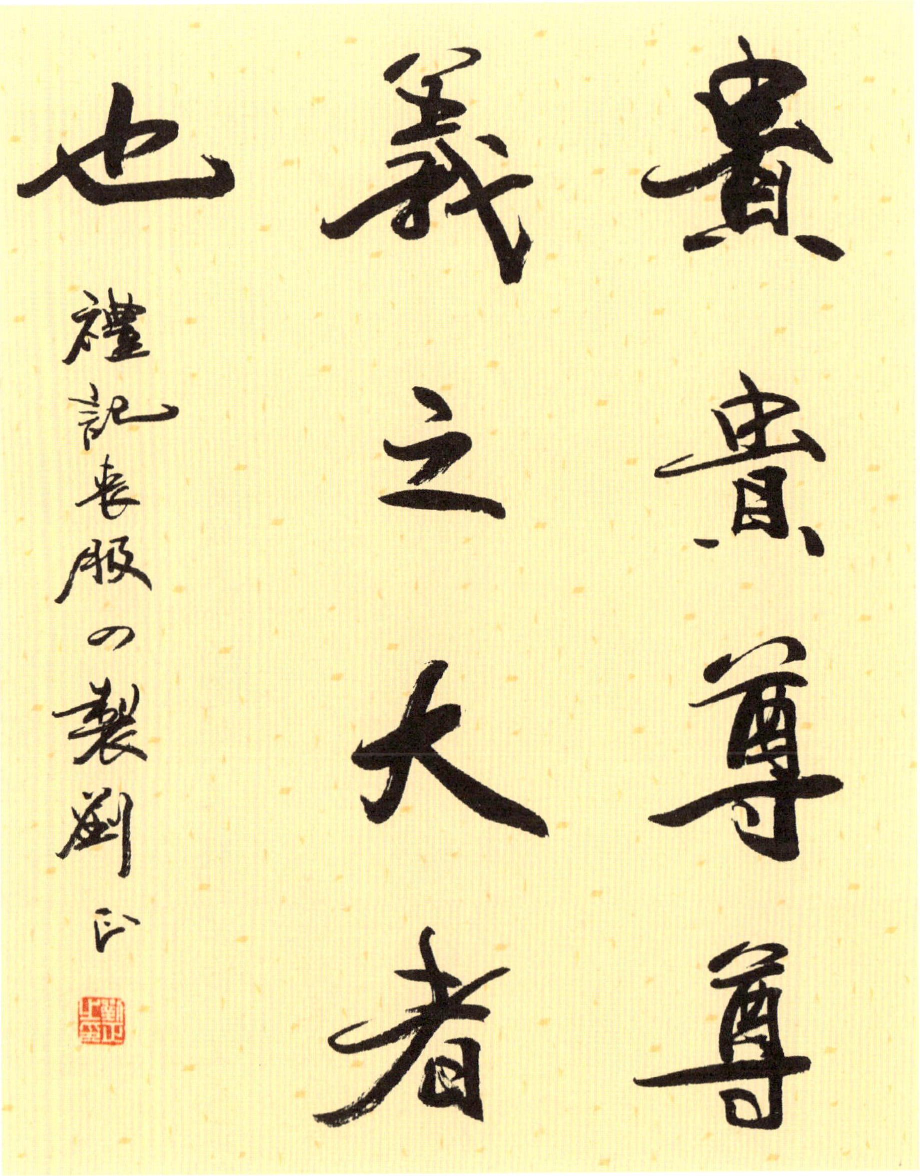
貴貴尊尊
義之大者
也
禮記喪服四制

是故大小不逾等，贵贱如其伦，义之正也。

——董仲舒春秋繁露·精华

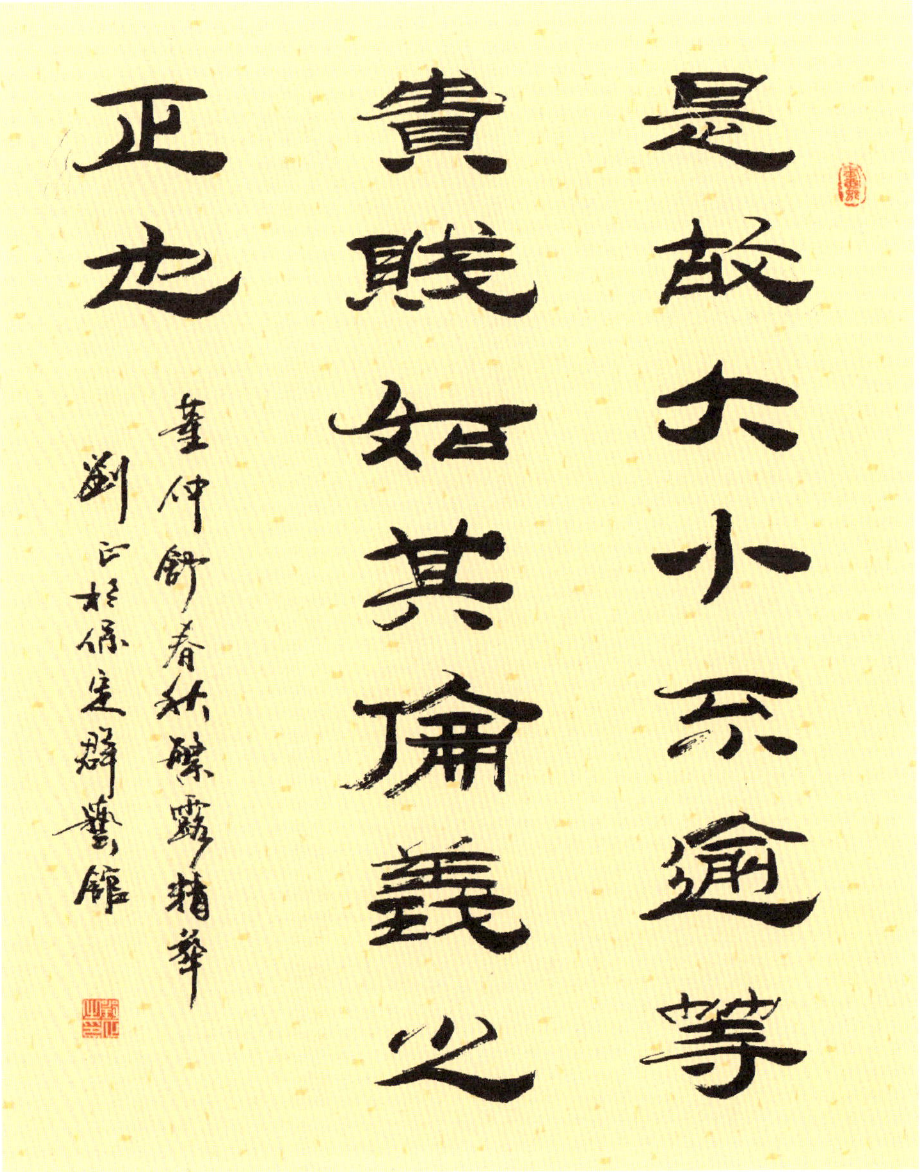
是故大小不逾等
貴賤如其倫義之
正也
董仲舒春秋繁露精華
劉正於保定聚藝館

立义以明尊卑之分。

——董仲舒﹏﹏春秋繁露·盟会要﹏﹏

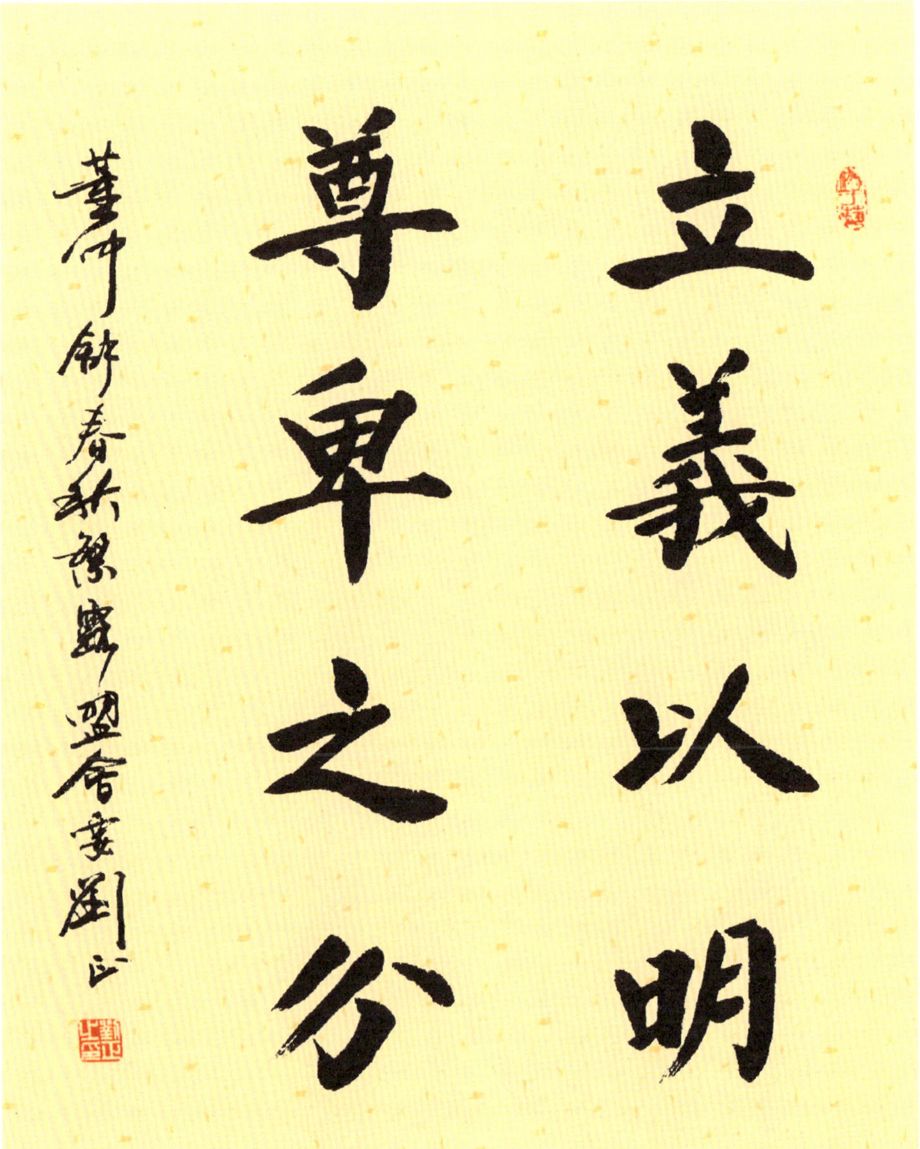
立義以明
尊卑之分
董仲舒春秋繁露盟會要 劉正

义通『宜』，即为合适、应该、恰当之意

界限者，义也。

——康有为春秋董氏学

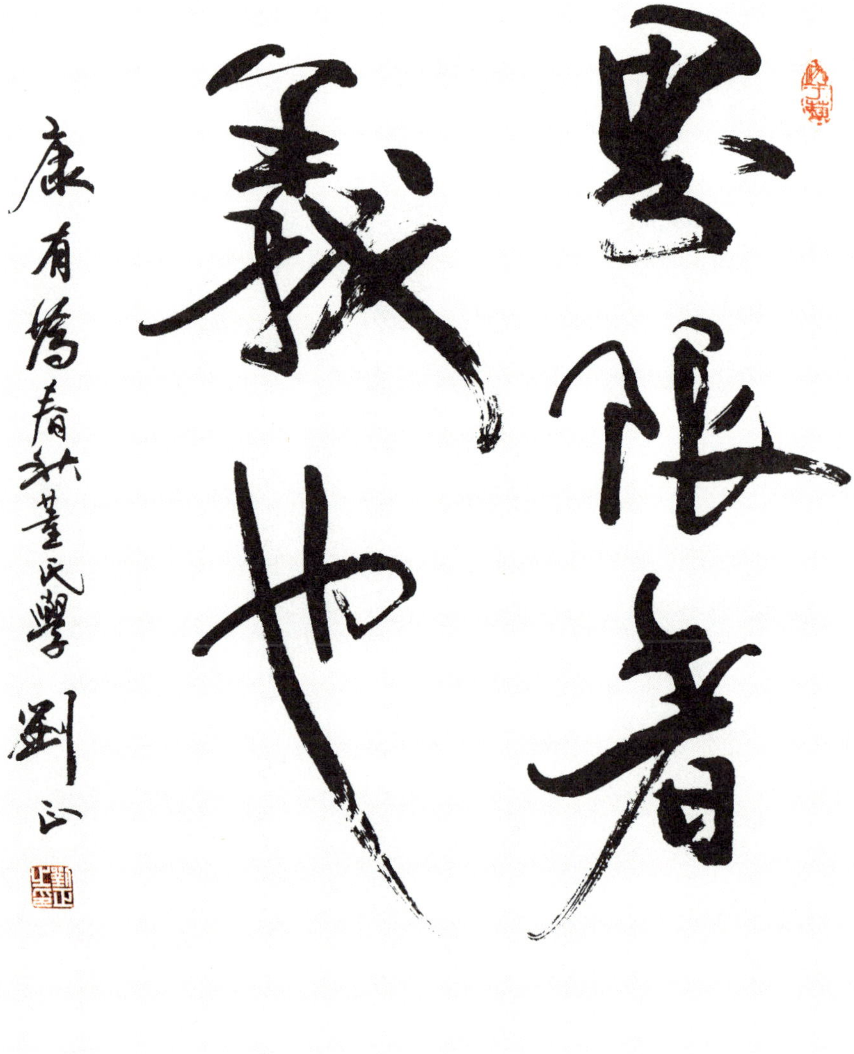

义通“宜”，即为合适、应该、恰当之意

义者，谓各处其宜也。礼者，因人之情，缘义之理，而为之节文者也，故礼者谓有理也。理也者，明分以谕义之意也。故礼出乎义，义出乎理，理因乎宜者也。

——管子·心术上

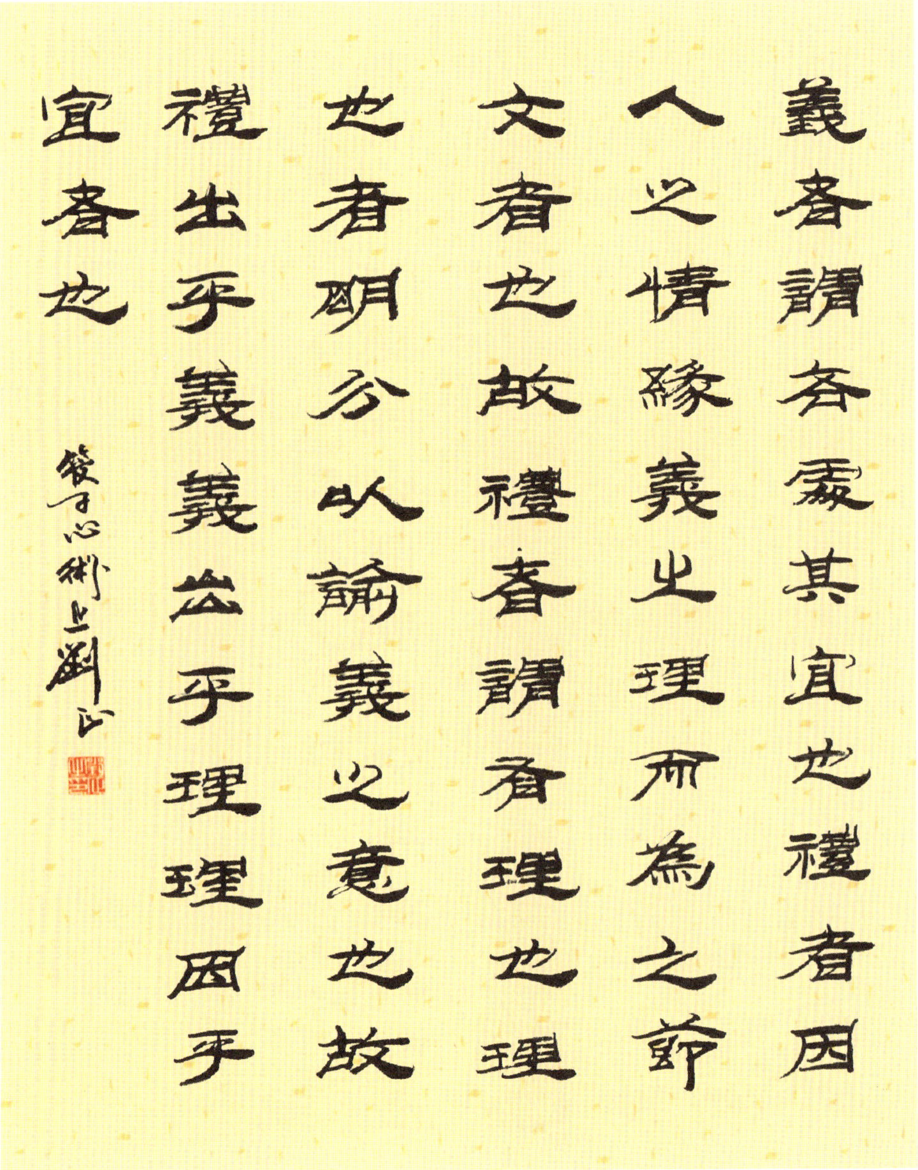
義者謂各處其宜也禮者因
人之情緣義之理而為之節
文者也故禮者謂有理也理
也者明分以諭義之意也故
禮出乎義義出乎理理因乎
宜者也

义通『宜』，即为合适、应该、恰当之意

君子崇人之德，扬人之美，非谄谀也；正义直指，举人之过，非毁疵也；言己之光美，拟于舜禹，参于天地，非夸诞也；与时屈伸，柔从若蒲苇，非慑怯也；刚强猛毅，靡所不信，非骄暴也；以义变应，知当曲直故也。

——荀子·不苟

君子崇人之德揚人之美非諂諛也正義直指舉人之過非毀疵也言己之光美擬於舜禹參於天地非夸誕也與時屈伸柔從若蒲葦非懾怯也剛彊猛毅靡所不信非驕暴也以義變應知當曲直故也

荀子不苟 劉正於市文化產業協會

义通『宜』，即为合适、应该、恰当之意

臣事君宜，下怀上宜，子事父宜，贱敬贵宜……宜而为之。故曰：『上义为之而有以为也。』

——韩非子·解老

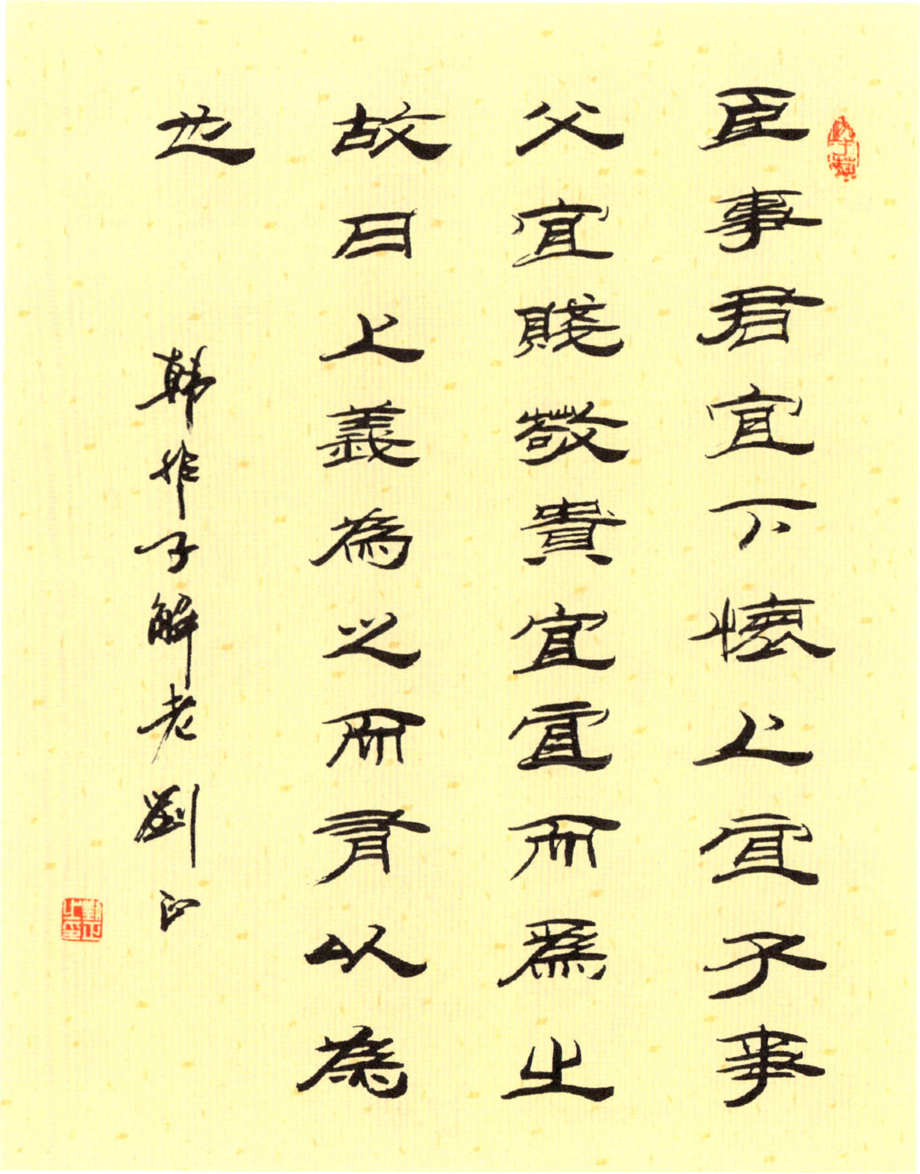
臣事君宜下懷上宜子事
父宜賤敬貴宜宜而爲之
故曰上義爲之而有以爲
也
韩非子解老 劉江

义通『宜』，即为合适、应该、恰当之意

事得其宜谓之义。

——扬雄《法言·重黎》

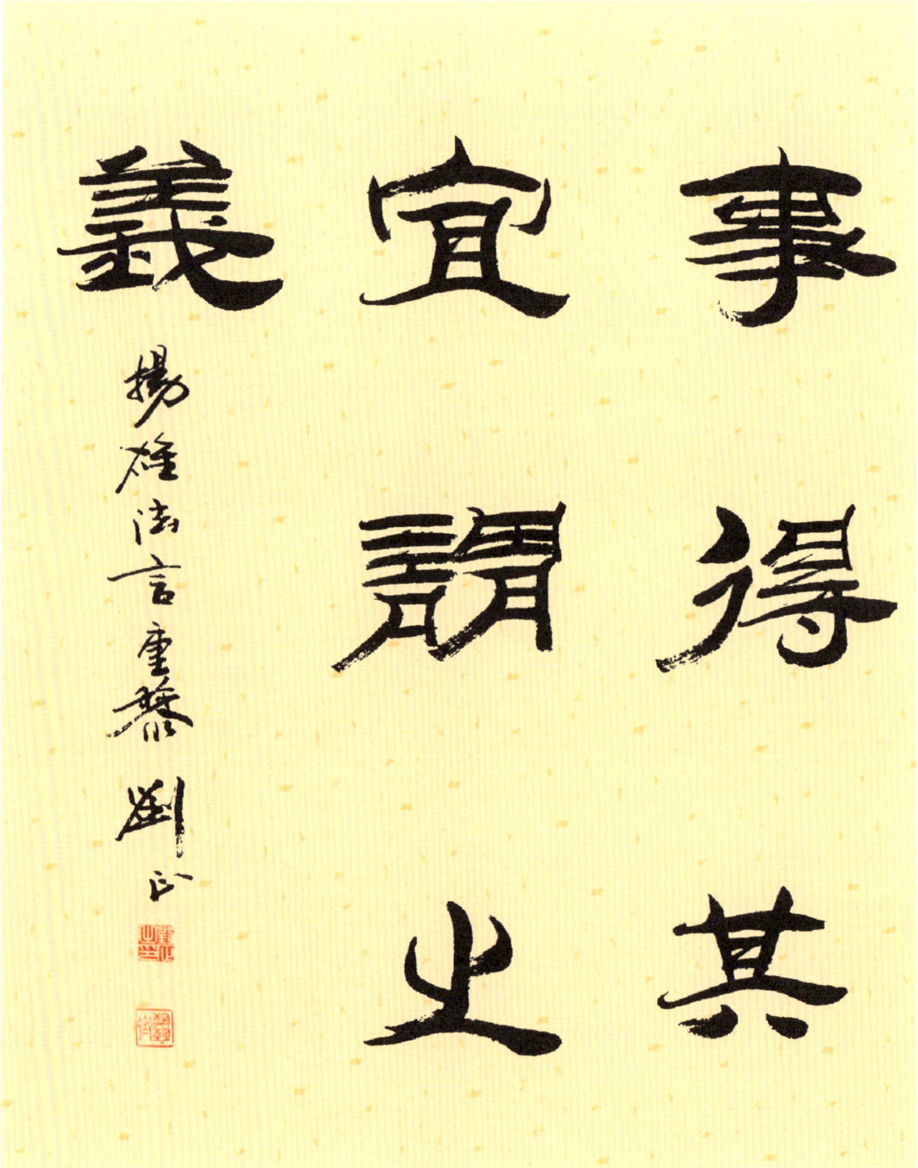
事得其宜之謂義
揚雄法言 麈齋 劉正

义者，宜也，断决得中也。

——白虎通义·性情

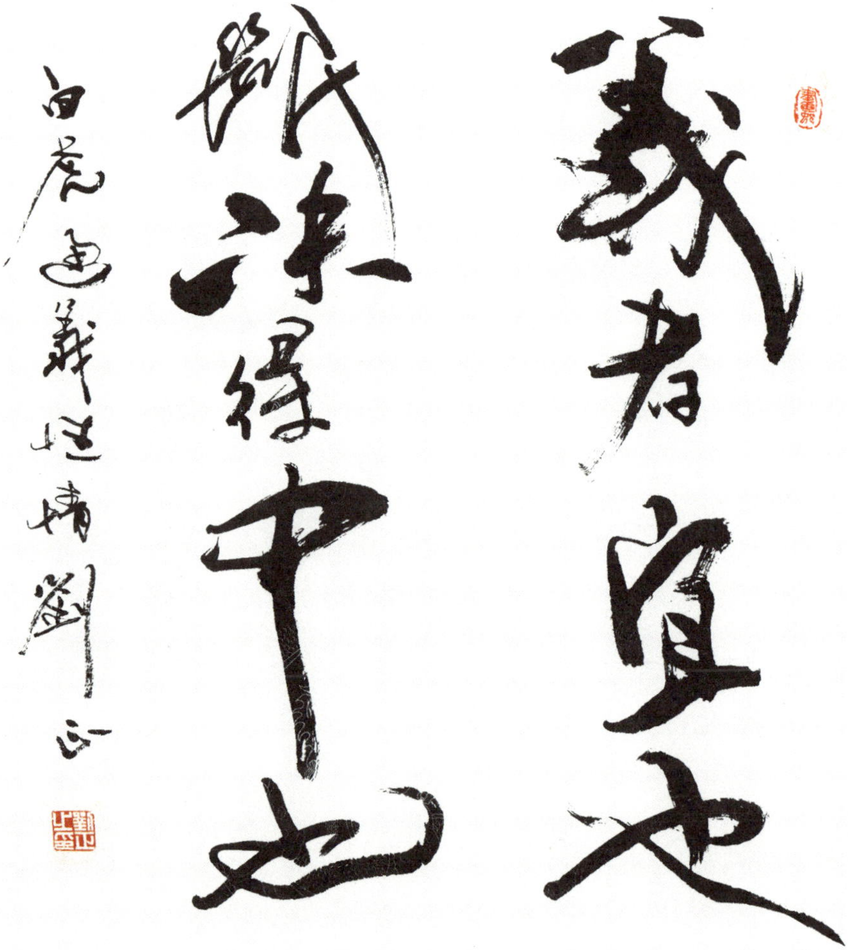
義者宜也
斷決得中也
白虎通義性情

义通『宜』，即为合适、应该、恰当之意

行而宜之之谓义。

——韩愈《原道》

行所宜之谓义

义通『宜』，即为合适、应该、恰当之意

顺理而行，是为义。

——程颐《河南程氏遗书》

顺理而行
是为义
程颐河南程氏遗书 刘

义者，事之宜也。

——朱子语类·性理三

义通『宜』，即为合适、应该、恰当之意

義者事之宜也
朱子語類性理三 劉正

义通『宜』，即为合适、应该、恰当之意

义，宜也，是非可否处之得宜，所谓义也。

——朱子语类·程子之书一

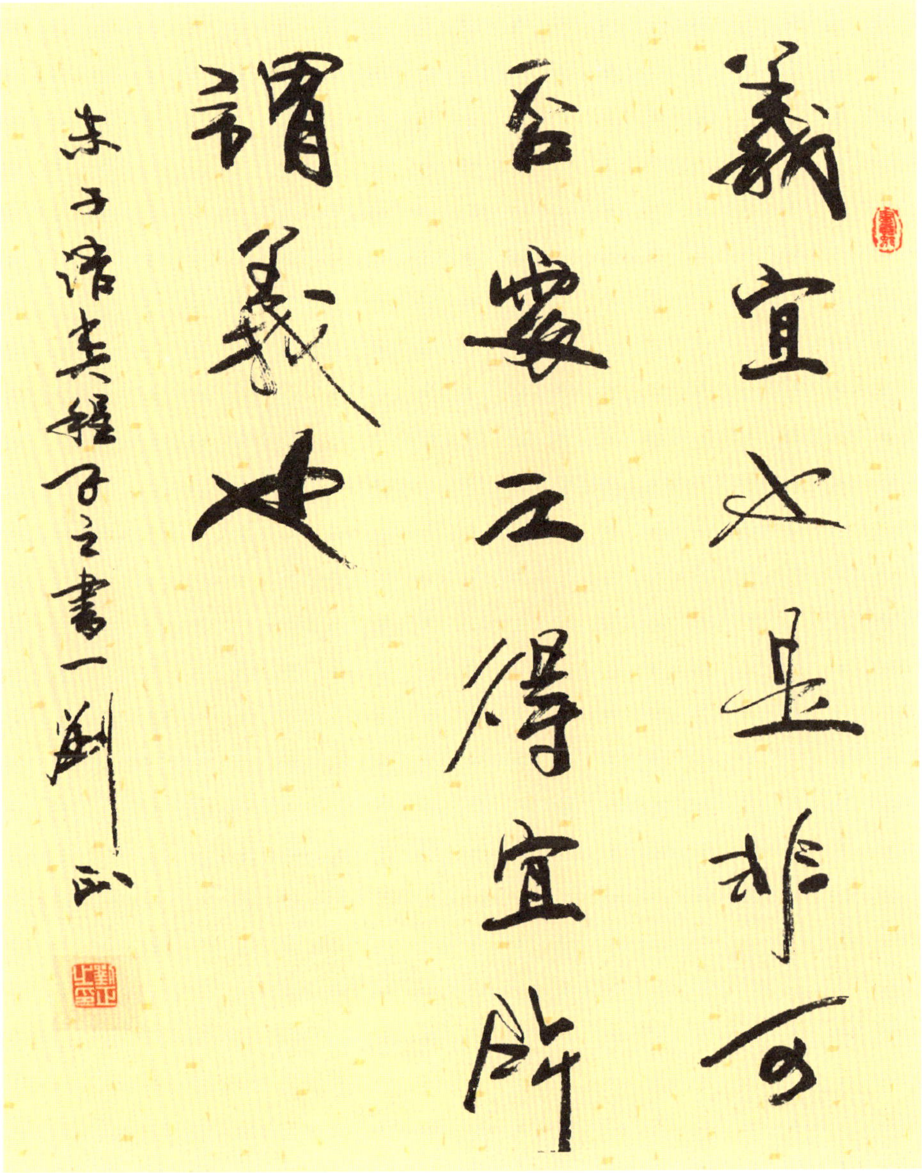
義宜也是非可
否處之得宜所
謂義也

义通『宜』，即为合适、应该、恰当之意

然义之所以能行，却是仁之用处。学者须是此心常存，方能审度事理，而行其所当行也。

——朱子语类·性理三

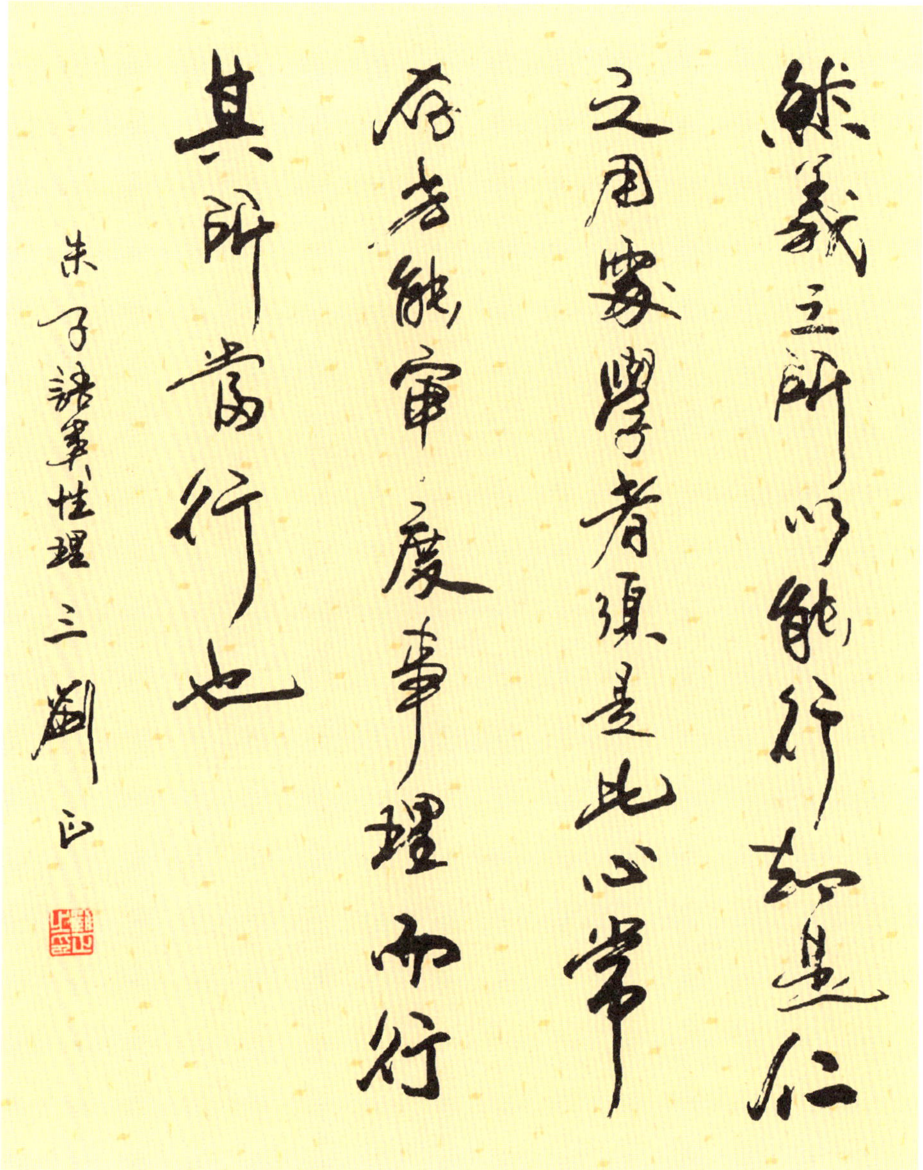
然义之所以能行却是仁
之用处学者须是此心常
存方能审度事理而行
其所当行也
朱子语类性理三 刘正

义通『宜』，即为合适、应该、恰当之意

义者，宜也。君子见得这事合当如此，却那事合当如彼，但裁处其宜而为之，则何不利之有？

——朱子语类·论语九

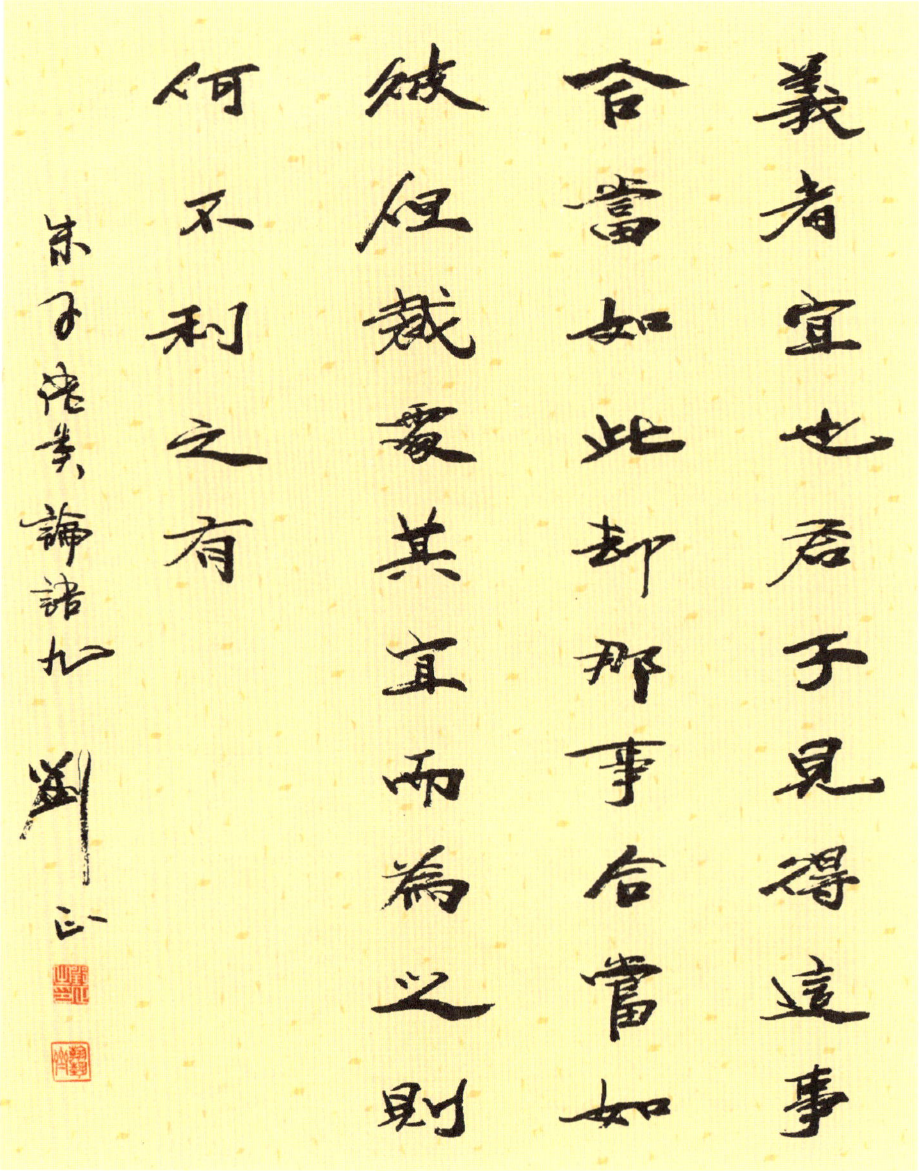
義者宜也君子見得這事
合當如此卻那事合當如
彼但裁處其宜而為之則
何不利之有
朱子語類論語九
劉正

义通『宜』，即为合适、应该、恰当之意

裁断当理，然后得宜。

——陈淳北溪字义·仁义礼智信

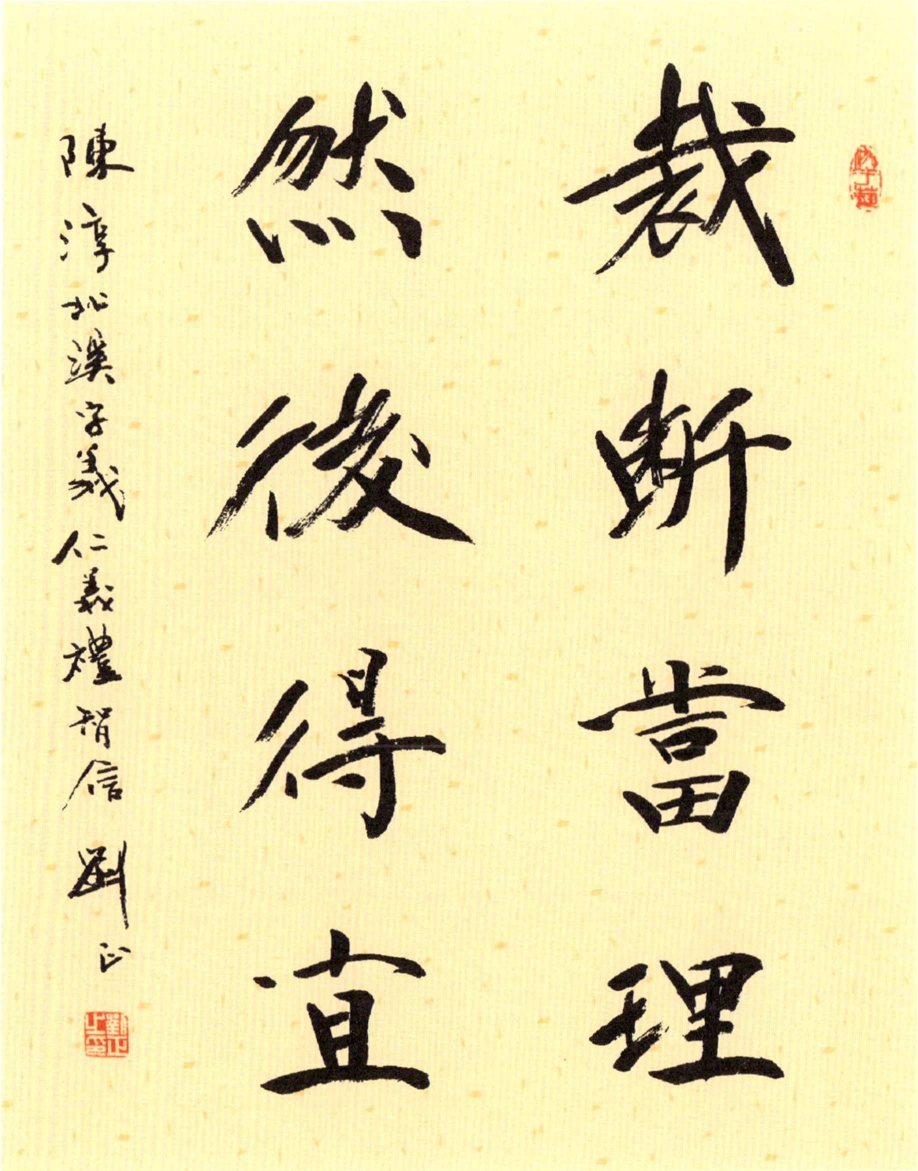
裁断当理
然后得宜
陳淳北溪字義仁義禮智信 劉正

理财正辞、禁民为非曰义。

——周易·系辞下

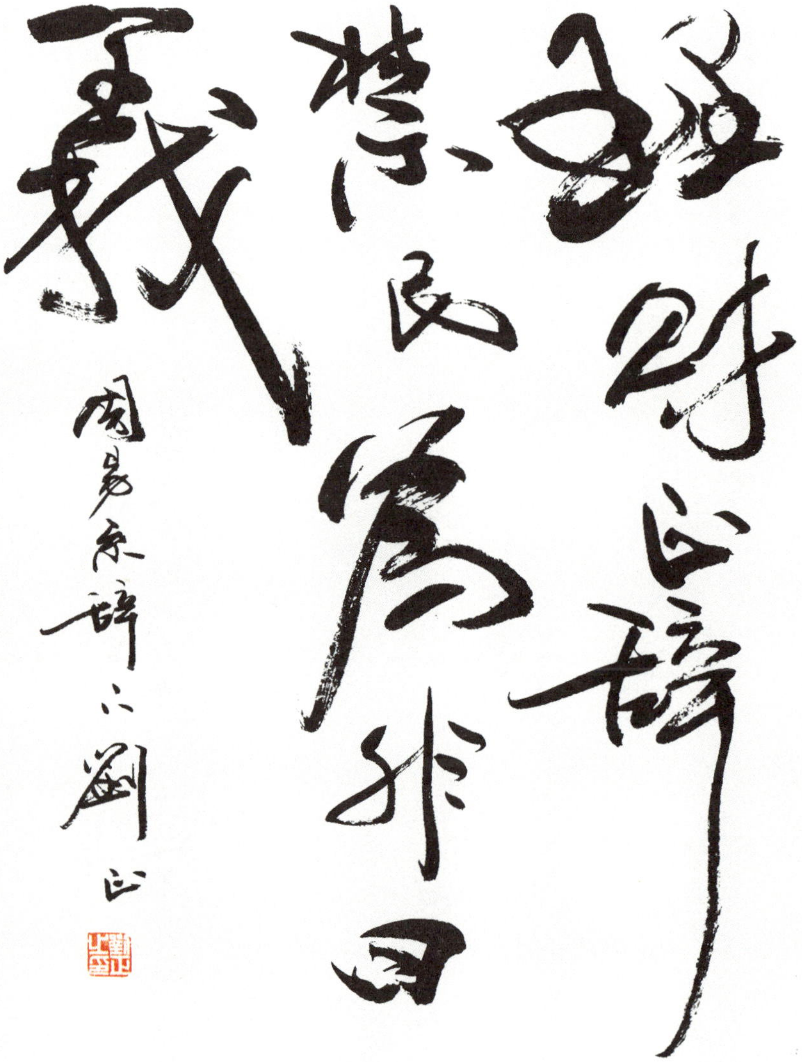
理财正辞禁民为非曰义
周易系辞 刘正

凡奸人之所以起者，以上之不贵义、不敬义也。

——荀子·强国

凡姦人之所
以起者以上
之不貴義不
敬義也
荀子彊國 劉

今上不贵义不敬义，如是，则下之人百姓，皆有弃义之志，有趋奸之心矣，此奸之所以起也。

——荀子·强国

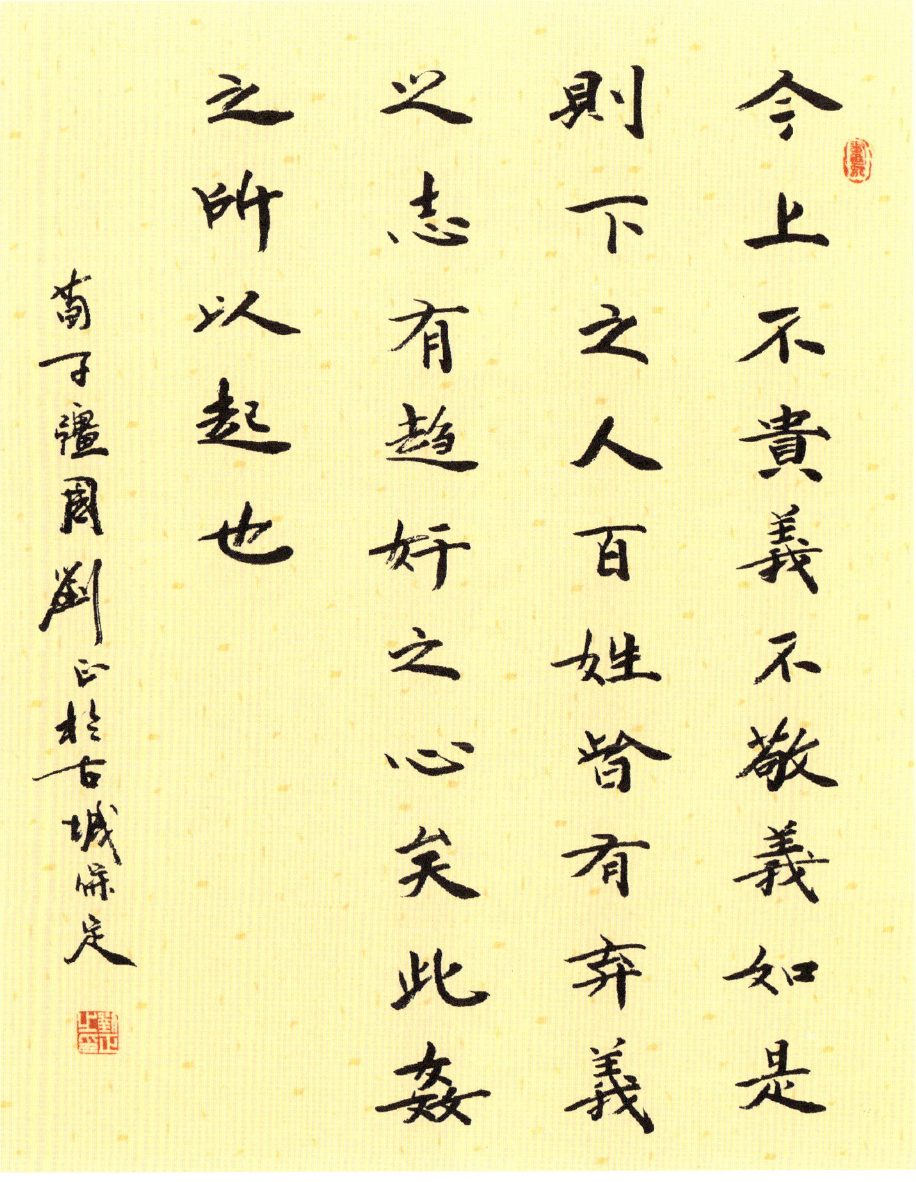
今上不貴義不敬義如是
則下之人百姓皆有棄義
之志有趨姧之心矣此姦
之所以起也
荀子彊國 劉

夫义者，内节于人而外节于万物者也，上安于主而下调于民者也。内外上下节义之情也。然则凡为天下之要，义为本，而信次之。古者禹汤本义务信而天下治；桀纣弃义倍信而天下乱。故为人上者，必将慎礼义，务忠信，然后可。此君人者之大本也。

——荀子·强国

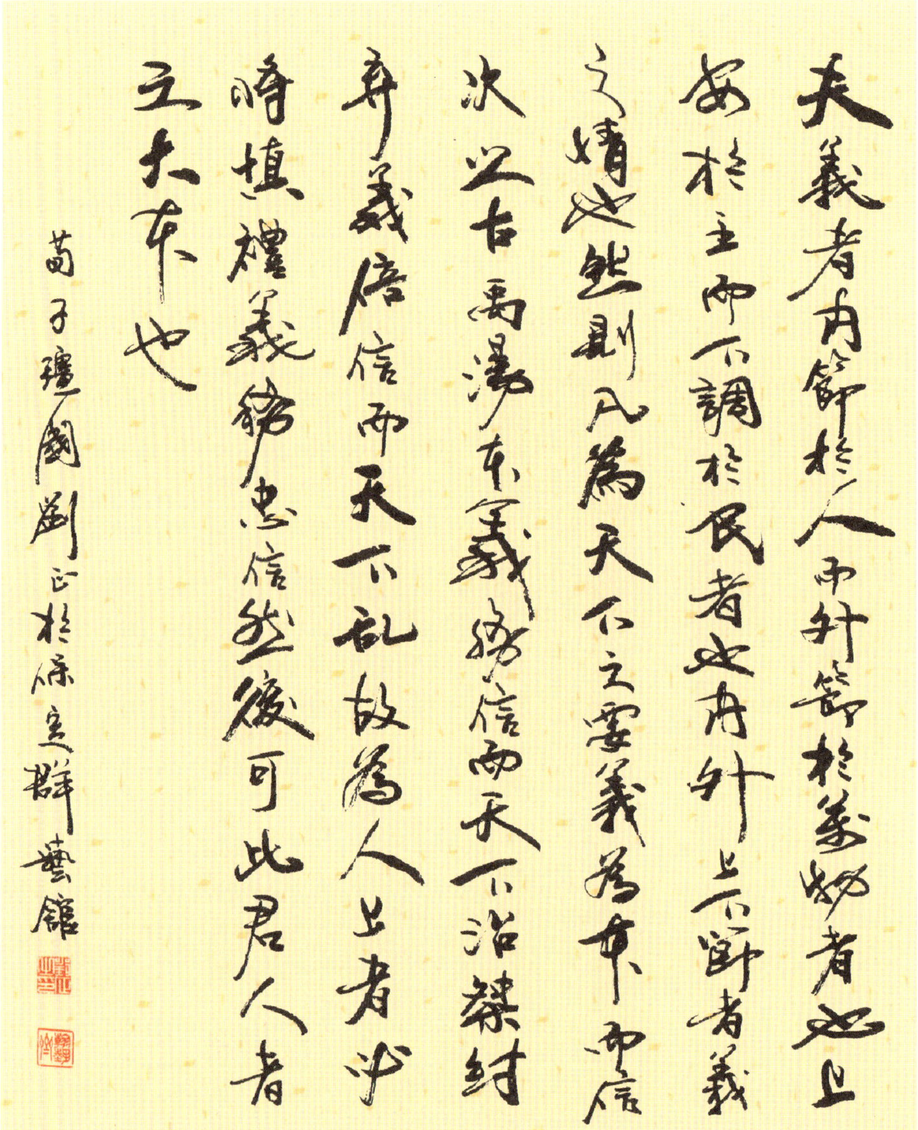
夫義者内節於人而外節於萬物者也上
安於主而下調於民者也内外上下節者義
之情也然則凡為天下之要義為本而信
次之古禹湯本義務信而天下治桀紂
棄義倍信而天下亂故為人上者必
將慎禮義務忠信然後可此君人者
之大本也
荀子彊國 劉正於保定群藝館

至道大形，隆礼至法则国有常，尚贤使能则民知方，纂论公察则民不疑，赏克罚偷则民不怠，兼听齐明则天下归之。然后明分职，序事业，材技官能，莫不治理，则公道达而私门塞矣，公义明而私事息矣。如是，则德厚者进而佞说者止，贪利者退而廉节者起。

——荀子·君道

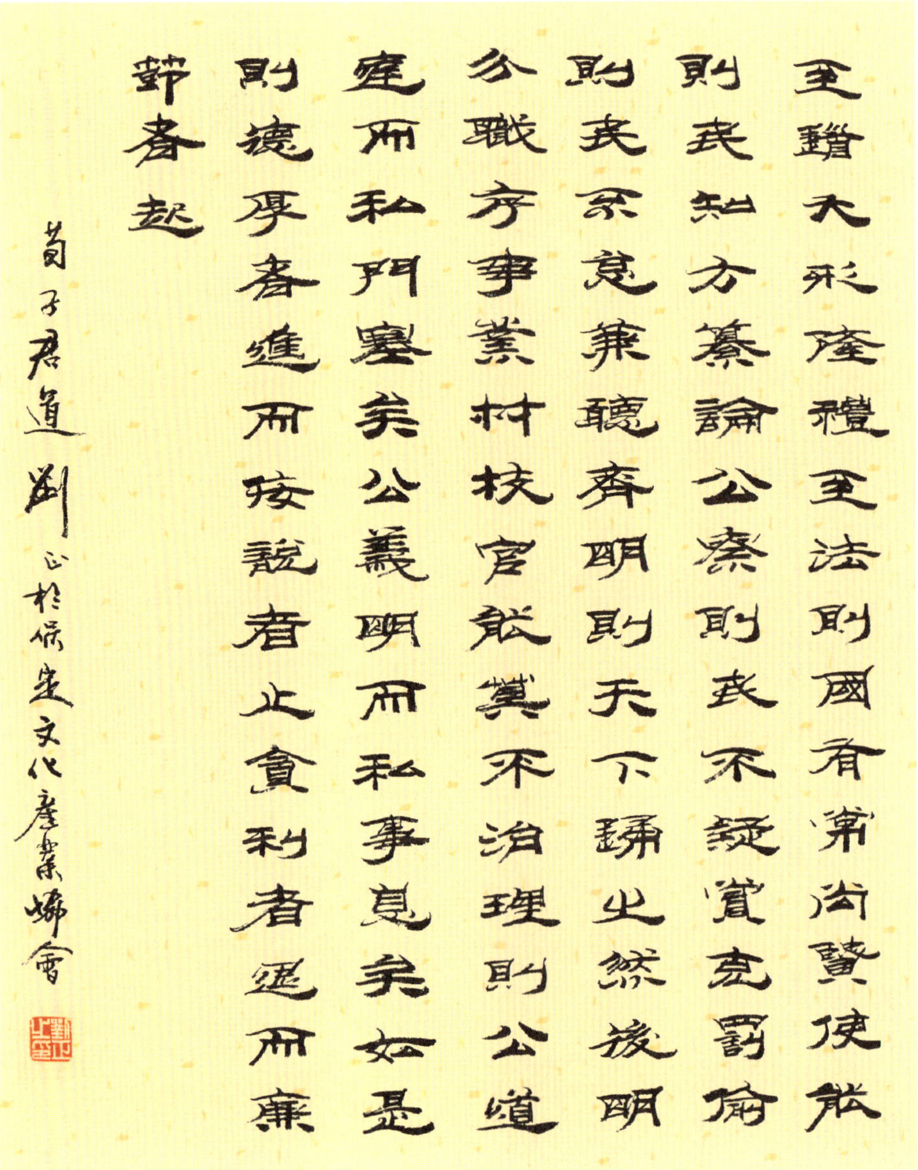
至道大形隆禮至法則國有常尚賢使能
則民知方纂論公察則民不疑賞克罰偷
則民不怠兼聽齊明則天下歸之然後明
分職序事業材技官能莫不治理則公道
達而私門塞矣公義明而私事息矣如是
則德厚者進而佞說者止貪利者退而廉
節者起
荀子君道 劉正 於保定文化產業協會

孟子见梁惠王。王曰：『叟不远千里而来，亦将有以利吾国乎？』孟子对曰：『王何必曰利？亦有仁义而已矣。王曰「何以利吾国？」大夫曰「何以利吾家？」士庶人曰「何以利吾身？」上下交征利而国危矣。万乘之国，弑其君者必千乘之家；千乘之国，弑其君者必百乘之家。万取千焉，千取百焉，不为不多矣。苟为后义而先利，不夺不餍。』

——孟子·梁惠王上

孟子見梁惠王王曰叟不遠千里而來亦將有以利吾
國乎孟子對曰王何必曰利亦有仁義而已矣王曰何以利
吾國大夫曰何以利吾家士庶人曰何以利吾身上下交征利而國危
矣萬乘之國弒其君者必千乘之家千乘之國弒其君者必
百乘之家萬取千焉千取百焉不為不多矣苟為後
義而先利不奪不饜

孟子梁惠王上 劉正於古城保定

为人臣者怀利以事其君，为人子者怀利以事其父，为人弟者怀利以事其兄，是君臣、父子、兄弟终去仁义，怀利以相接，然而不亡者，未之有也。

——孟子·告子下

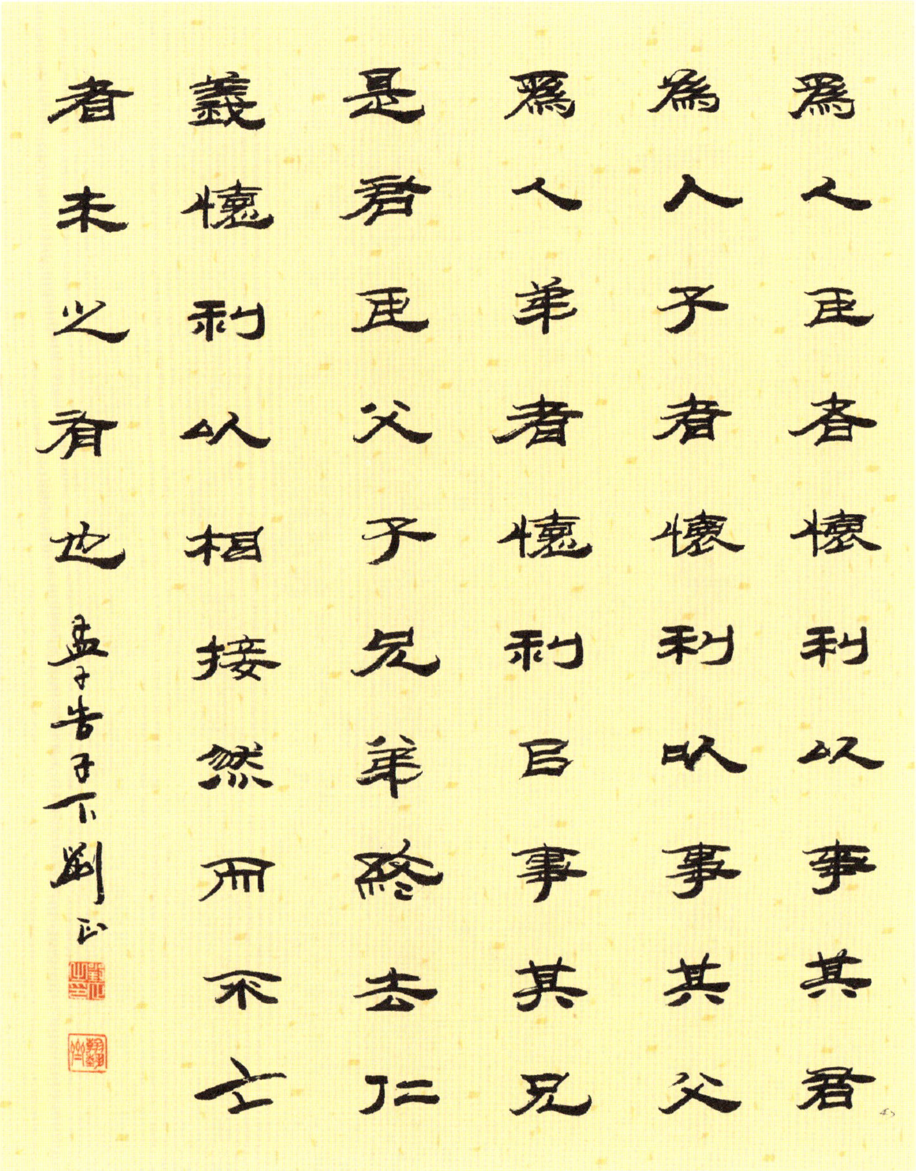
爲人臣者懷利以事其君
爲人子者懷利以事其父
爲人弟者懷利以事其兄
是君臣父子兄弟終去仁
義懷利以相接然而不亡
者未之有也
孟子告子下 劉正

『义』与『利』者，人之所两有也。虽尧舜不能去民之欲利；然而能使其欲利不克其好义也。虽桀纣亦不能去民之好义；然而能使其好义不胜其欲利也。故义胜利者为治世，利克义者为乱世。上重义则义克利，上重利则利克义。

——荀子·大略

義與利者人之所兩有也雖堯舜不能去民之欲利然而能使其欲利不克其好義也雖桀紂亦不能去民之好義然而能使其好義不勝其欲利也故義勝利者為治世利克義者為亂世上重義則義克利上重利則利克義

荀子大略 劉正

诸侯好利则大夫鄙，大夫鄙则士贪，士贪则庶人盗。是开利孔为民罪梯也。

——桓宽《盐铁论》

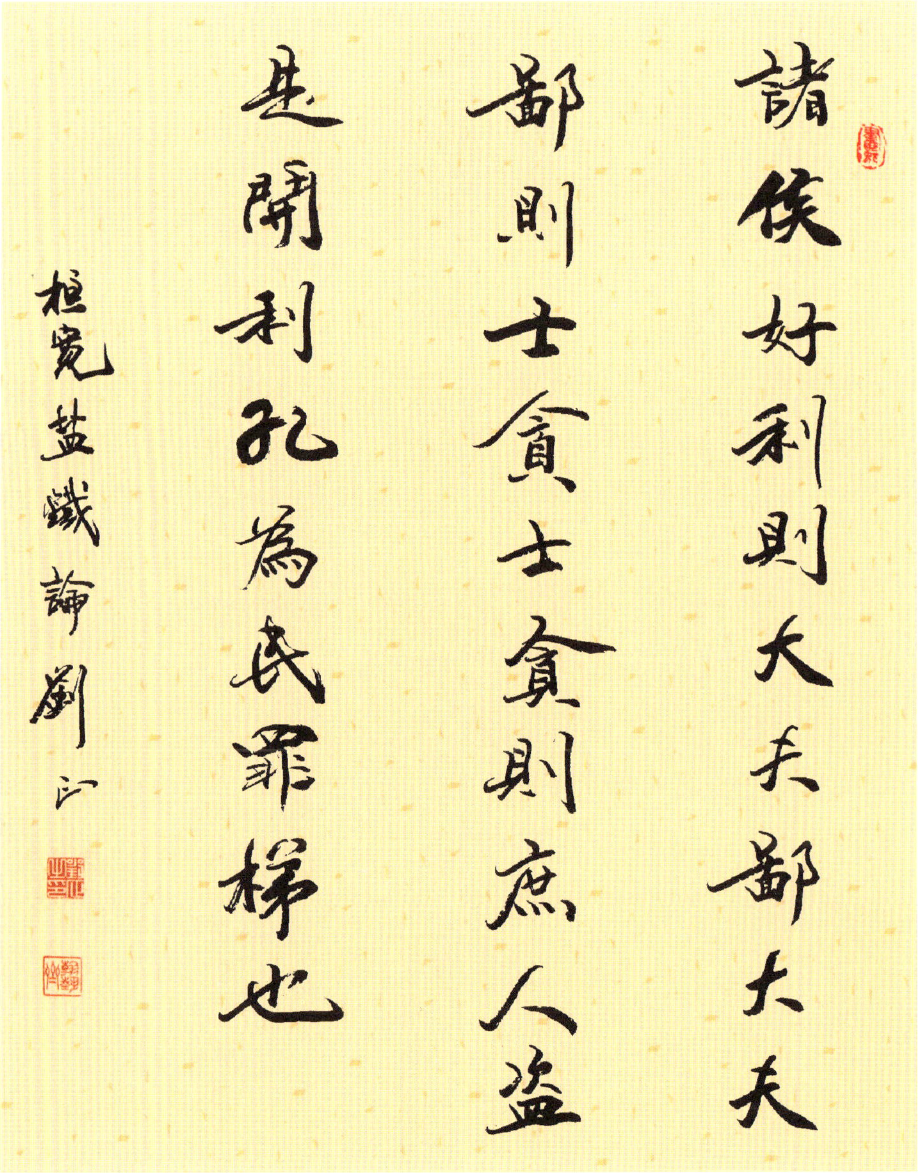
諸侯好利則大夫鄙大夫
鄙則士貪士貪則庶人盜
是開利孔為民罪梯也
桓寬鹽鐵論 劉

富者愈贪利而不肯为义，贫者日犯禁而不可得止，是世之所以难治也。

——春秋繁露·度制

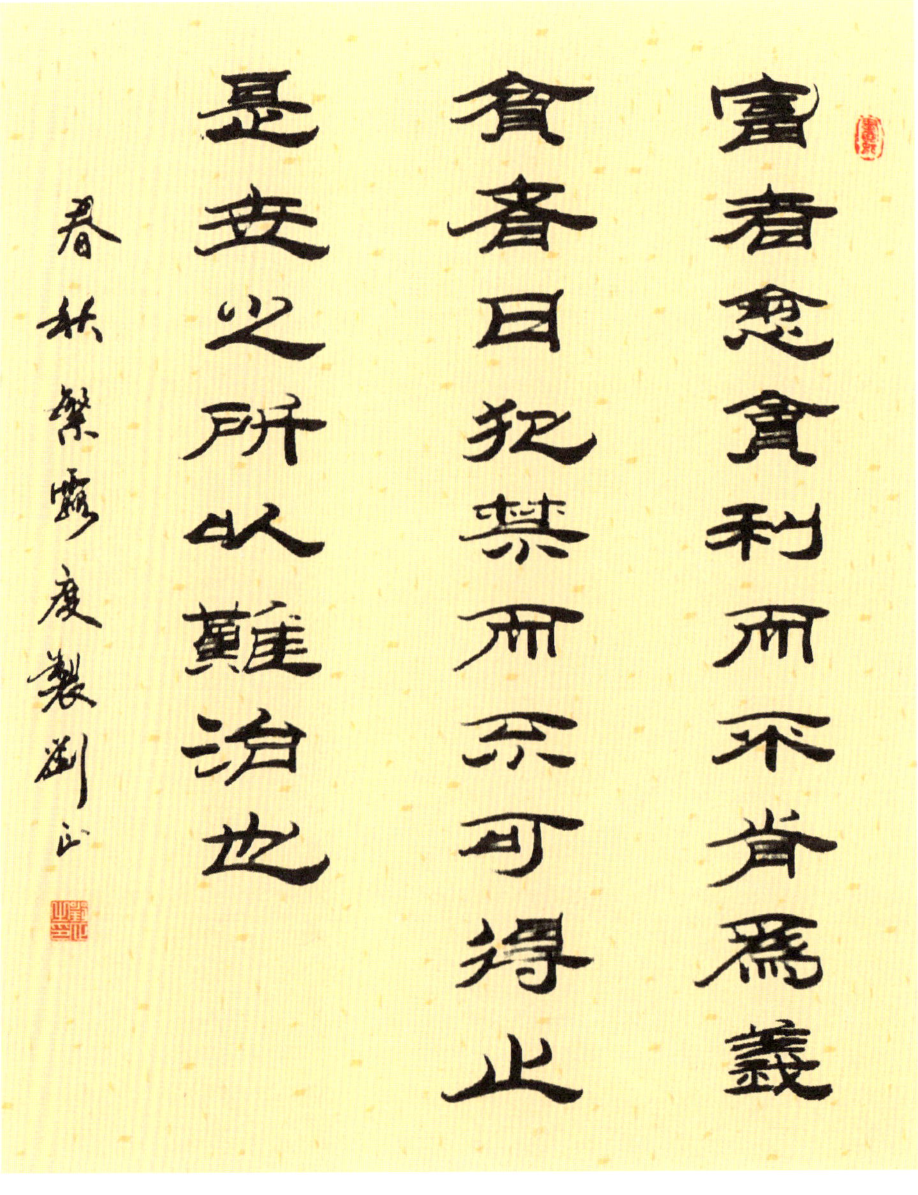
富者愈貪利而不肯爲義
貧者日犯禁而不可得止
是世之所以難治也
春秋繁露度制

君主之国，以仁义为先，而不以功利为急。

——朱熹《朱文公集·送张仲隆序》

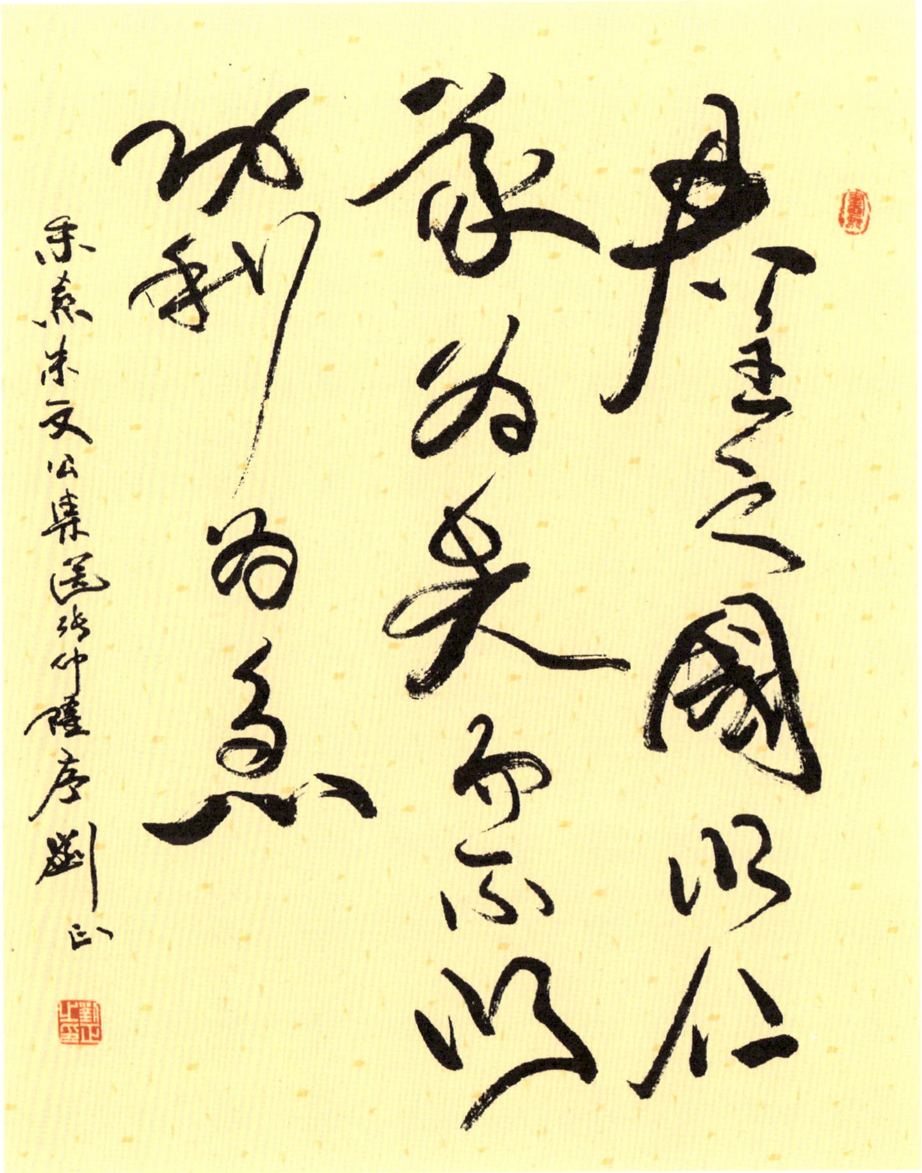

子曰：『君子喻于义，小人喻于利。』

——论语·里仁

子曰君子喻
於義小人喻
於利
論語里仁 劉正

曰：『今之成人者何必然？见利思义，见危授命，久要不忘平生之言，亦可以为成人矣。』

——论语·宪问

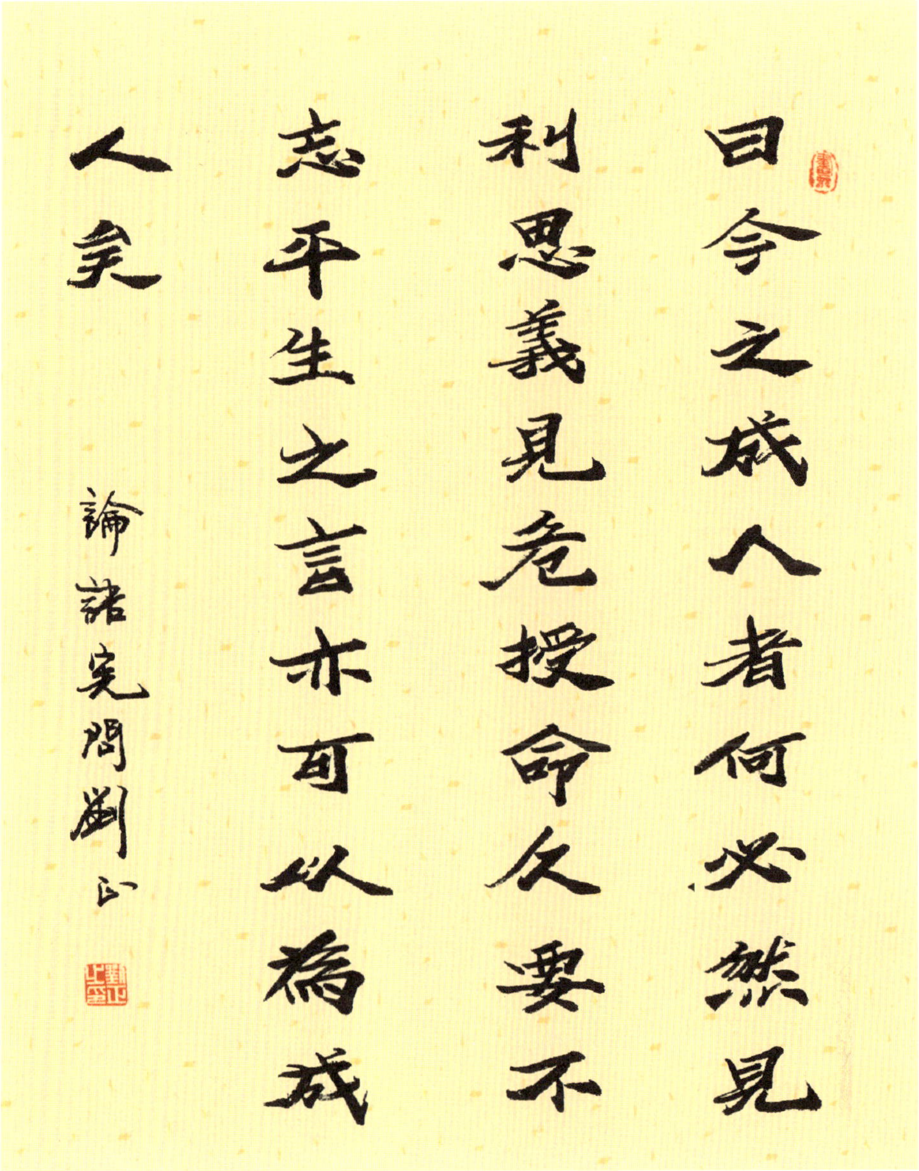
曰今之成人者何必然見
利思義見危授命久要不
忘平生之言亦可以為成
人矣
論語憲問 劉正

圣人之求事也，先论其理义，计其可否。故义则求之，不义则止。可则求之，不可则止。故其所得事者，常为身宝。小人之求事也，不论其理义，不计其可否，不义亦求之，不可亦求之。故其所得事者，未尝为赖也。故曰：『必得之事，不足赖也。』

——管子·形势解

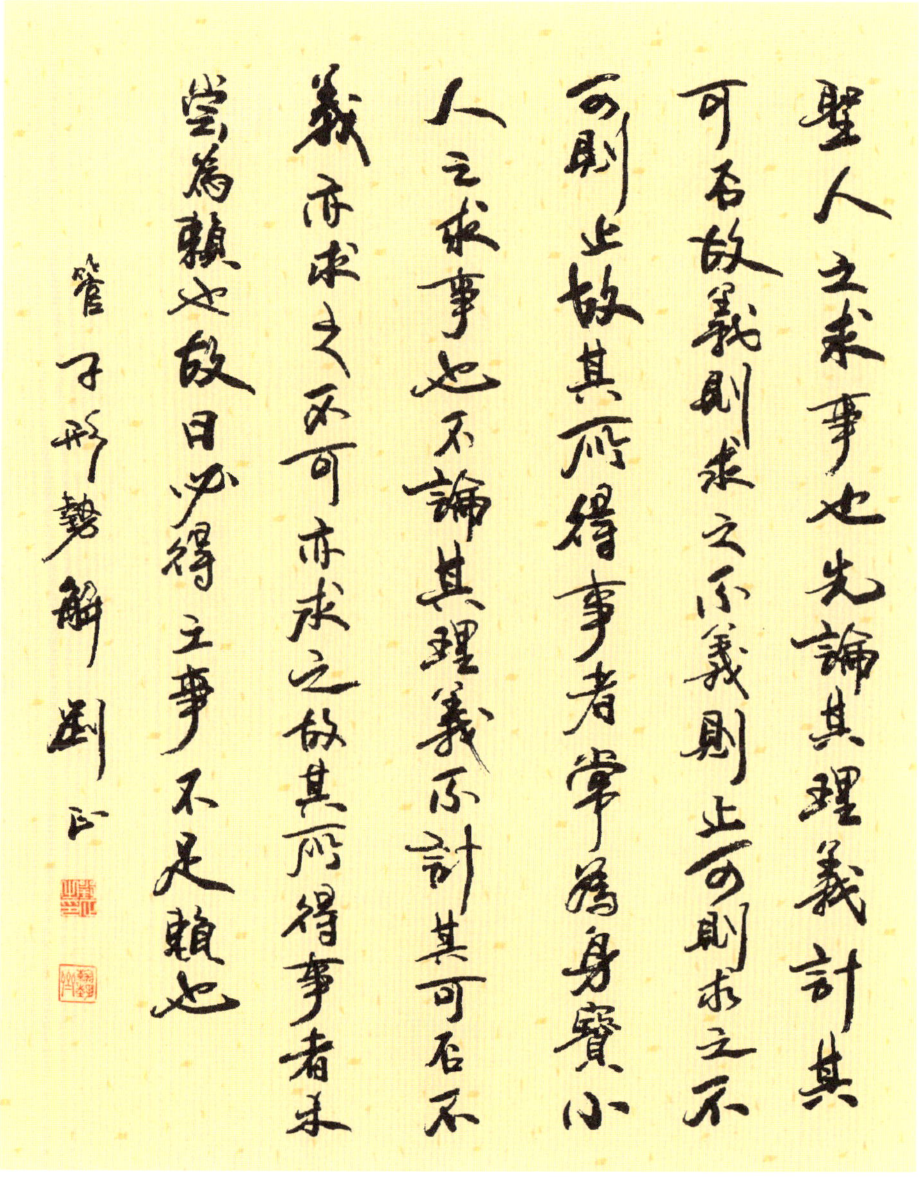
聖人之求事也先論其理義計其
可否故義則求之不義則止可則求之不
可則止故其所得事者常為身寶小
人之求事也不論其理義不計其可否不
義亦求之不可亦求之故其所得事者未
嘗為賴也故曰必得之事不足賴也
管子形勢解 劉正

利者，义之和也。

——周易·乾

利者義之和也

义以生利。

——左传·成公二年

義以生利
左传成公二年

义然后取，人不厌其取。

——《论语·宪问》

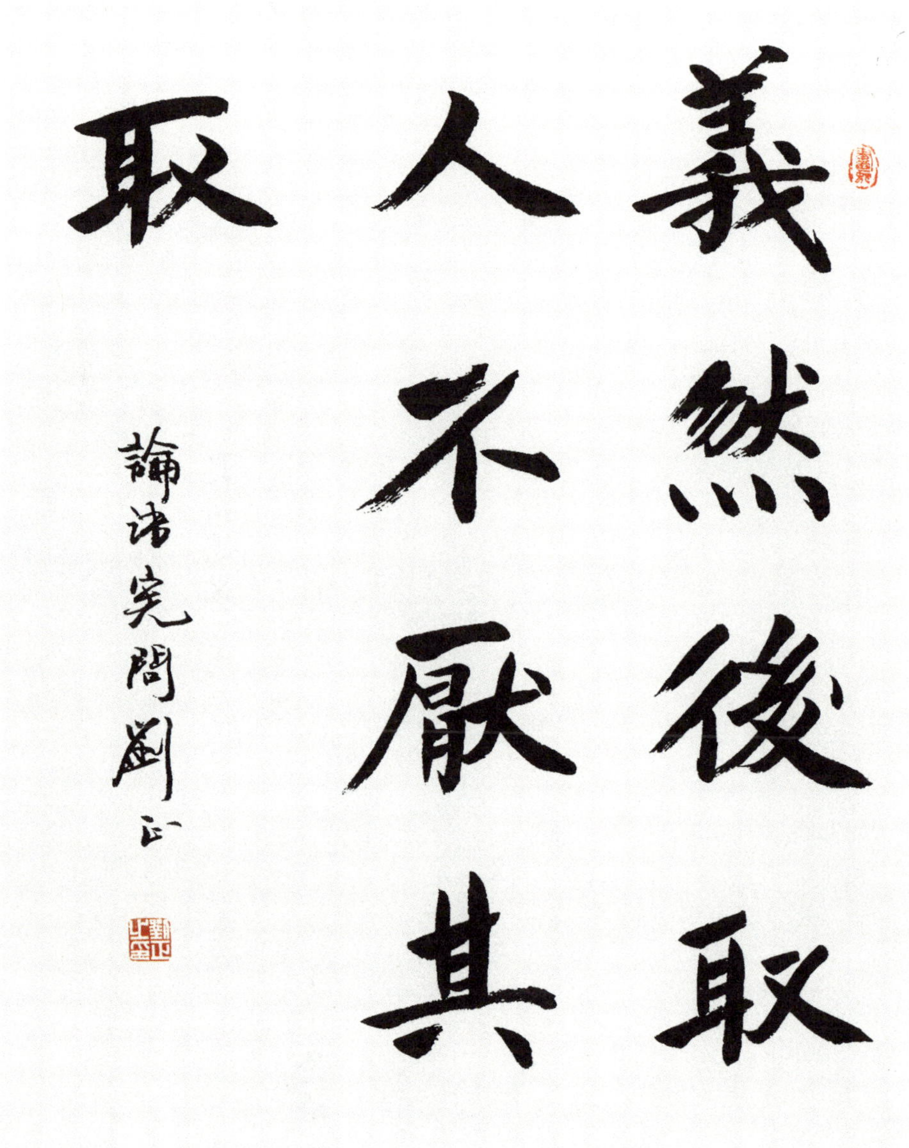
義然後取
人不厭其
取
論語宪問 劉 正

见得思义。

——论语·季氏

見得思義
論語季氏劉正

义，志以天下为芬，而能能利之，不必用。

——墨子·经说上

義志以天下爲
芬而能能利之
不必用
墨子經說上
劉正

凡有血气，皆有争心，故利不可强，思义为愈。

义，利之本也，蕴利生孽。

——左传·昭公十年

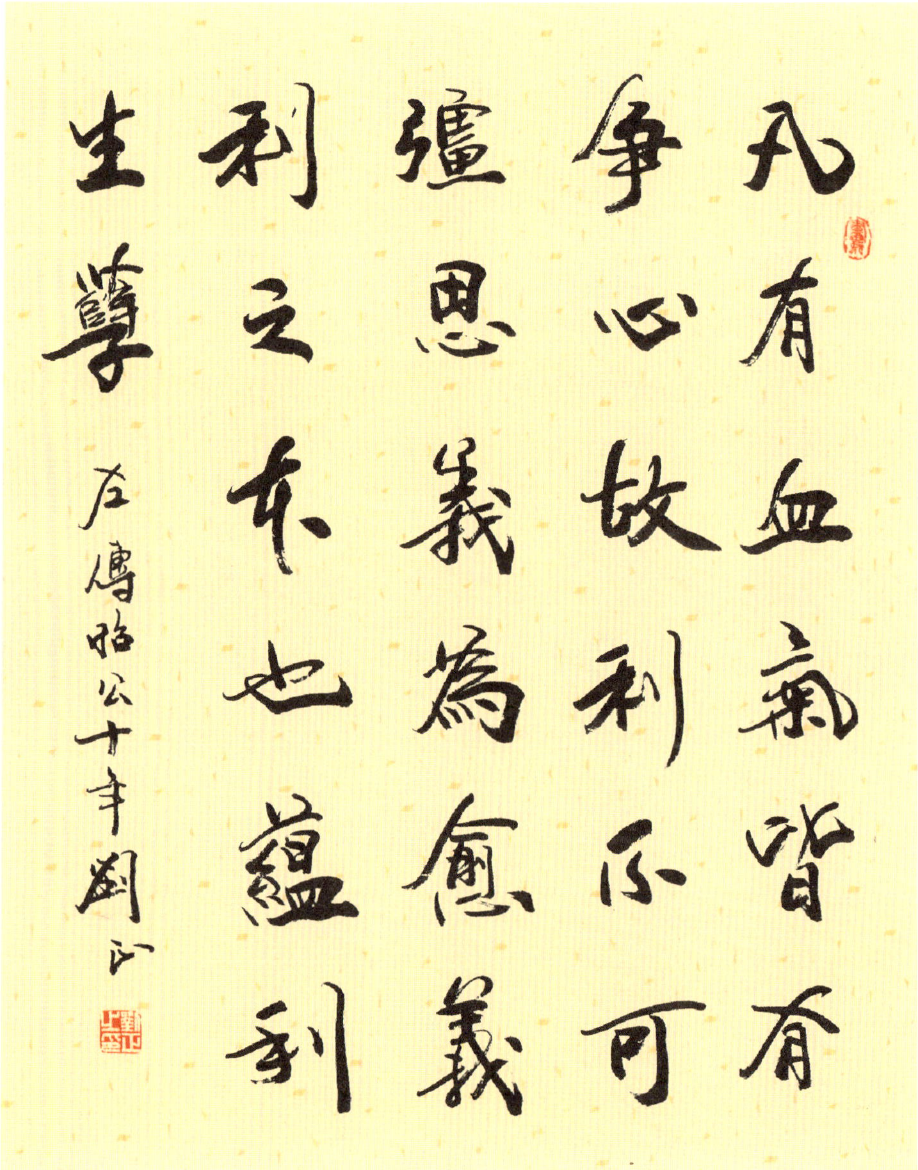
凡有血氣皆有
爭心故利不可
彊思義為愈義
利之本也蘊利
生孽
左傳昭公十年

义以导利。

——国语·晋语四

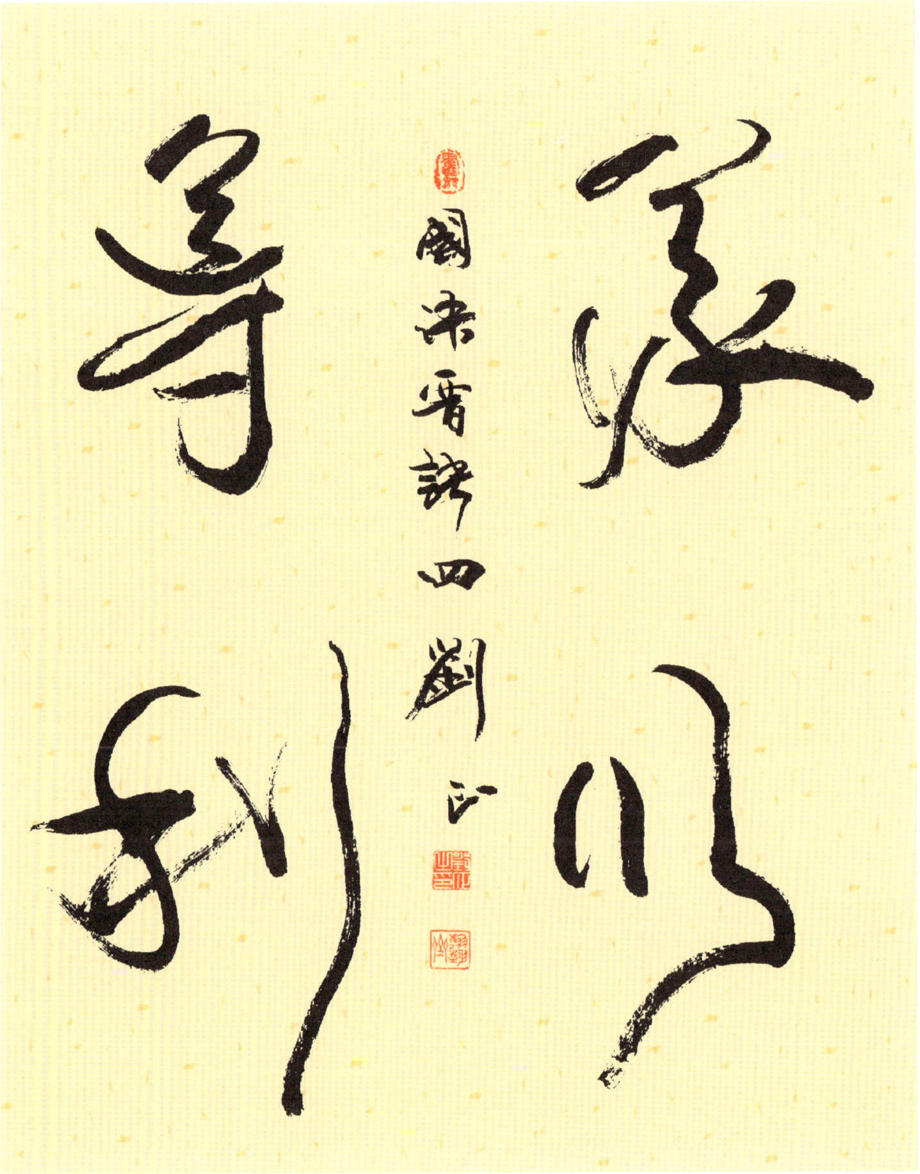

夫义者，利之足也。……废义则利不立。

——国语·晋语二

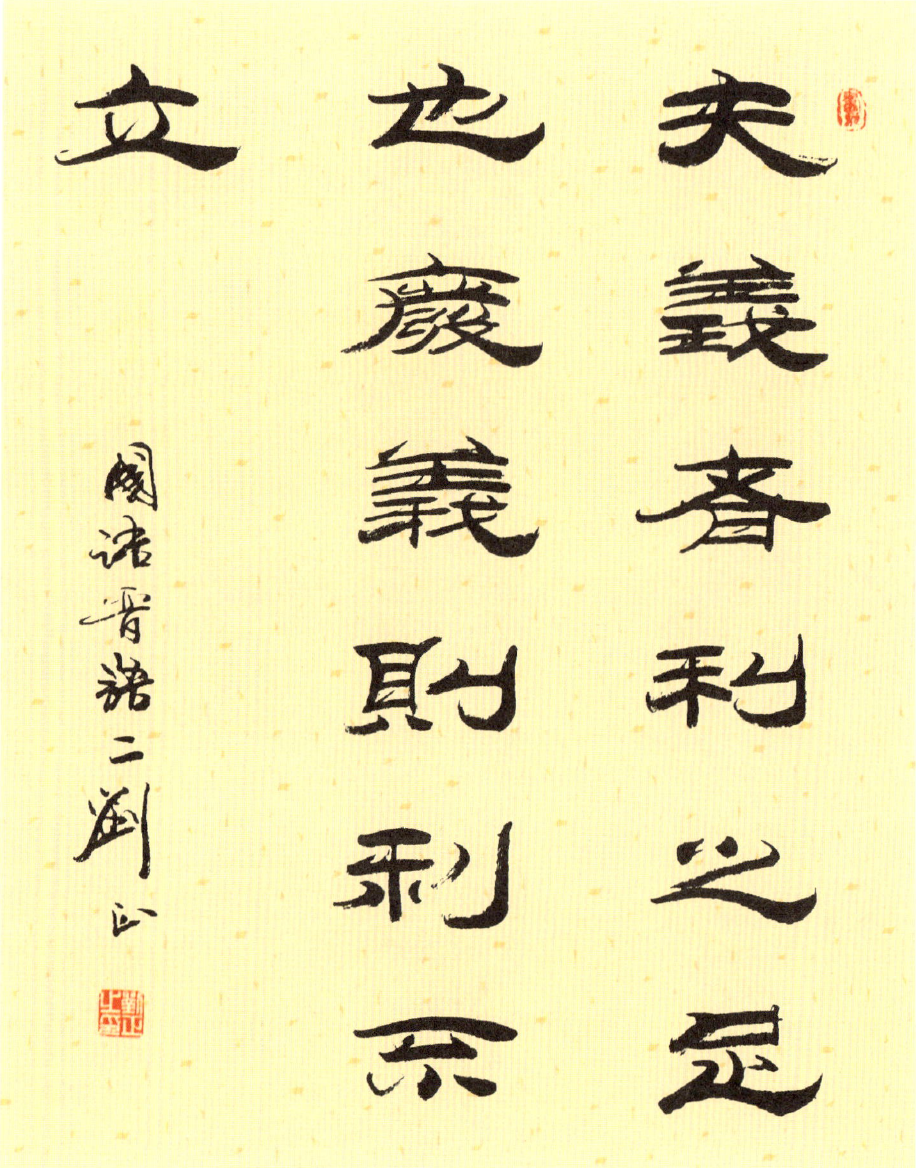
夫義者利之足
也廢義則利不
立
國語晉語二

夫义所以生利也。

——国语·周语中

夫義所以生利也
國語周語中
劉正於保定

万章问曰：『人有言：「伊尹以割烹要汤，有诸？」』孟子曰：『否，不然。伊尹耕于有莘之野，而乐尧舜之道焉。非其义也，非其道也，禄之以天下，弗顾也；系马千驷，弗视也。非其义也，非其道也，一介不以与人，一介不以取诸人。』

——孟子·万章上

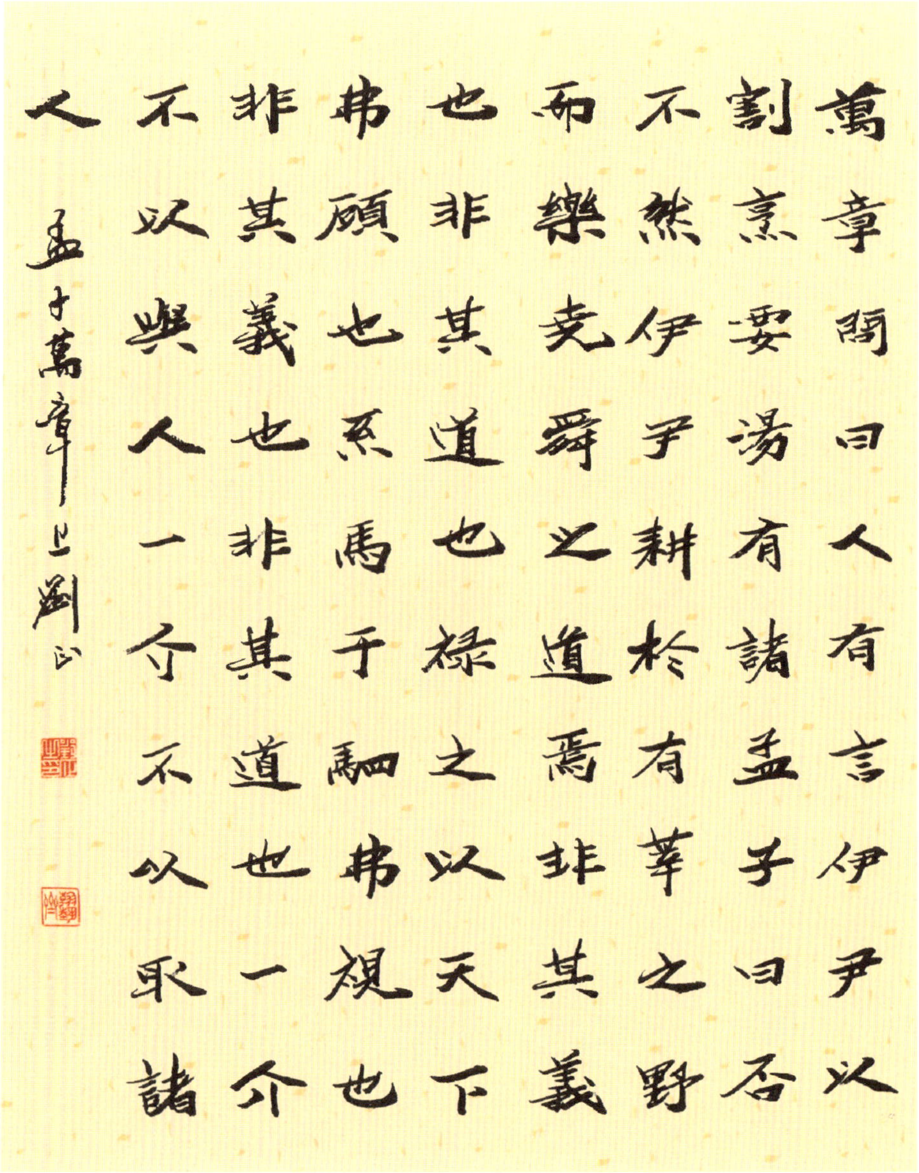
萬章問曰人有言伊尹以
割烹要湯有諸孟子曰否
不然伊尹耕於有莘之野
而樂堯舜之道焉非其義
也非其道也祿之以天下
弗顧也系馬千駟弗視也
非其義也非其道也一介
不以與人一介不以取諸
人
孟子萬章上 劉

非其义不受其利。

——吕氏春秋·离俗

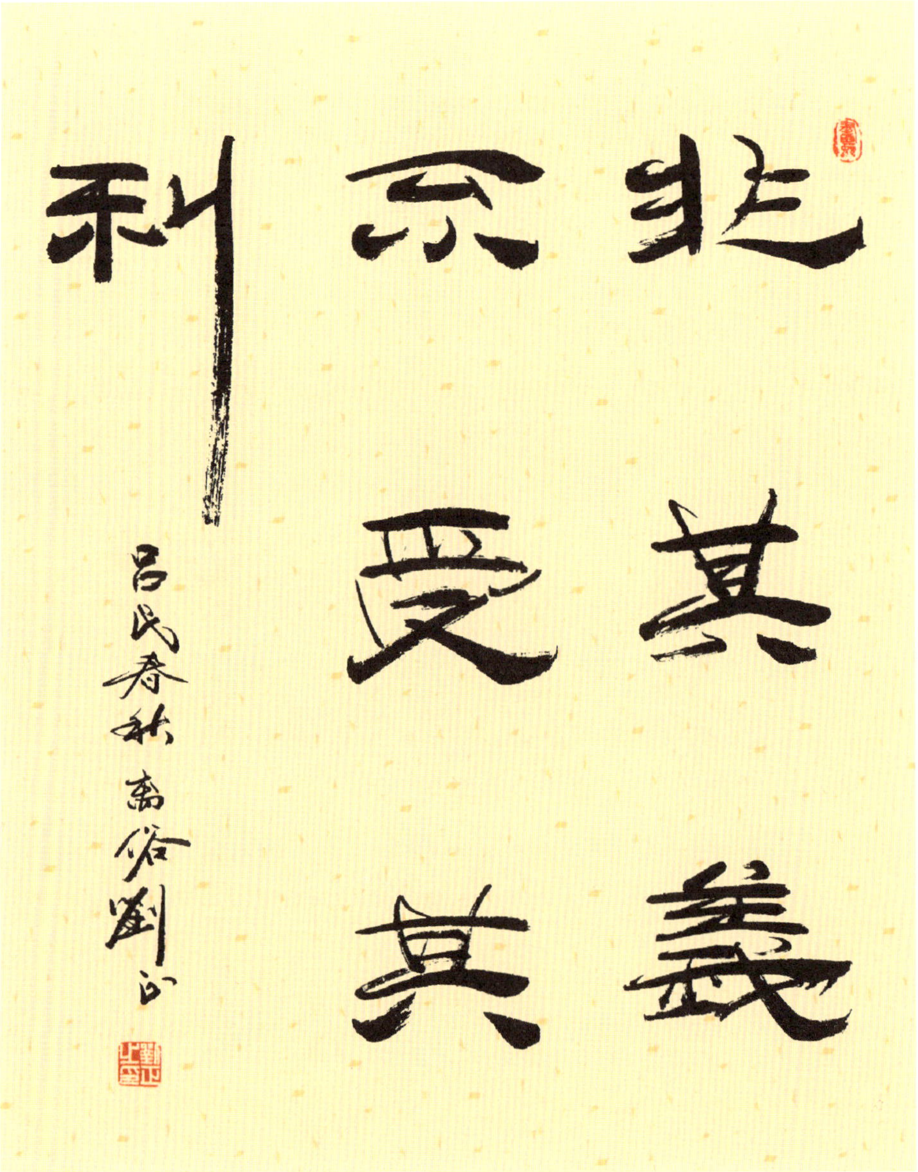
非其義不受其利
吕氏春秋

正其义不谋其利，明其道不计其功。

——汉书·董仲舒传

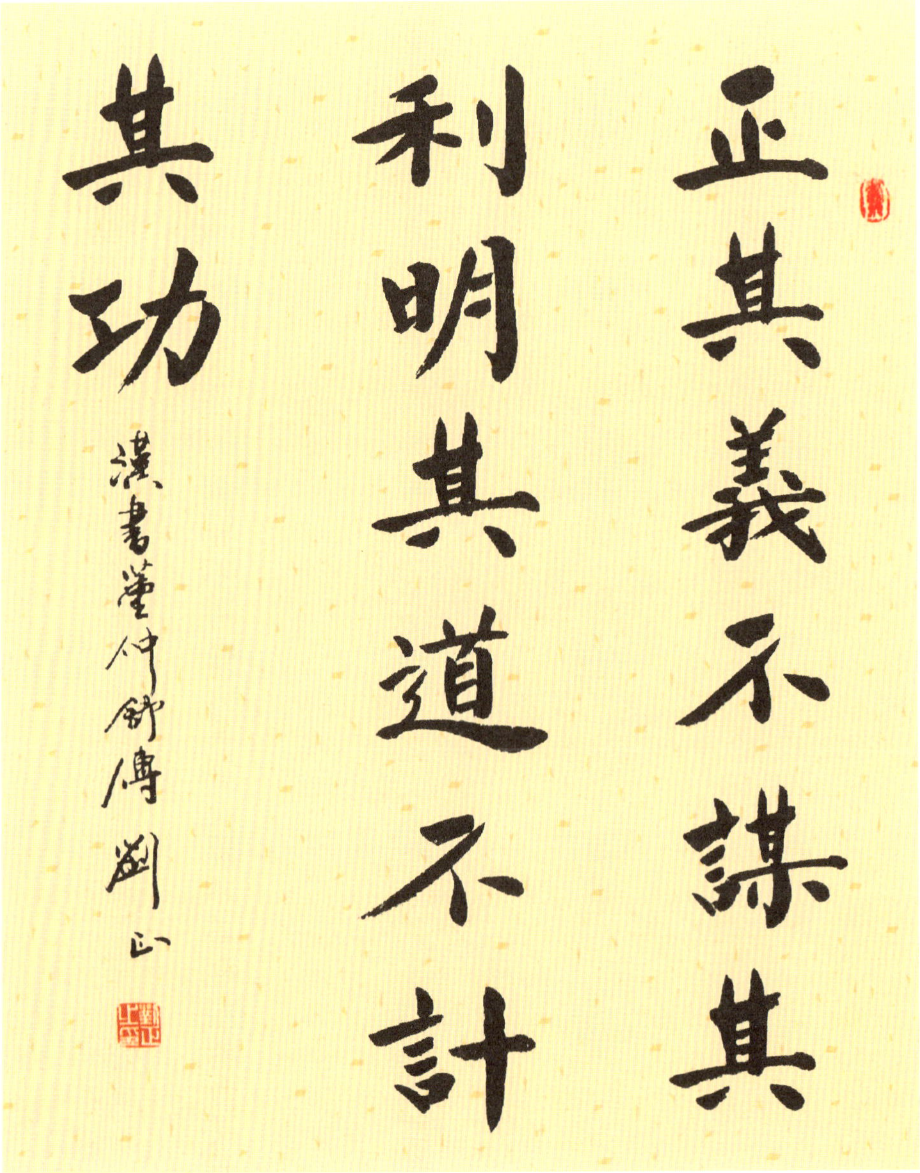
正其義不謀其
利明其道不計
其功
漢書董仲舒傳 劉正

利非不善也，其害义则不善也，其和义则非不善也。

——程颐《二程粹言》

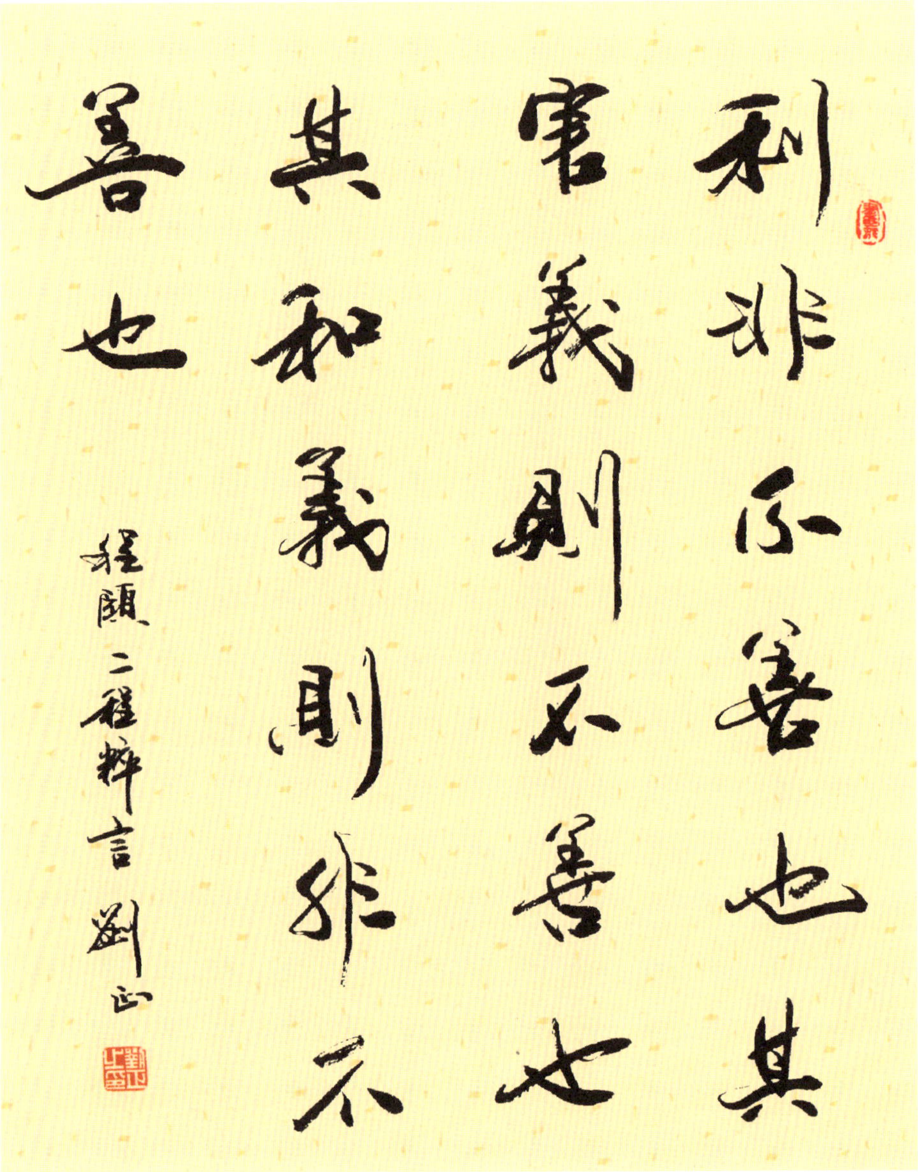
利非不善也其
害義則不善也
其和義則非不
善也
程頤 二程粹言 劉正

圣人于利，不能全不较论，但不至妨义耳。乃若唯利是辨，则忘义矣，故罕言。

——《二程外书》

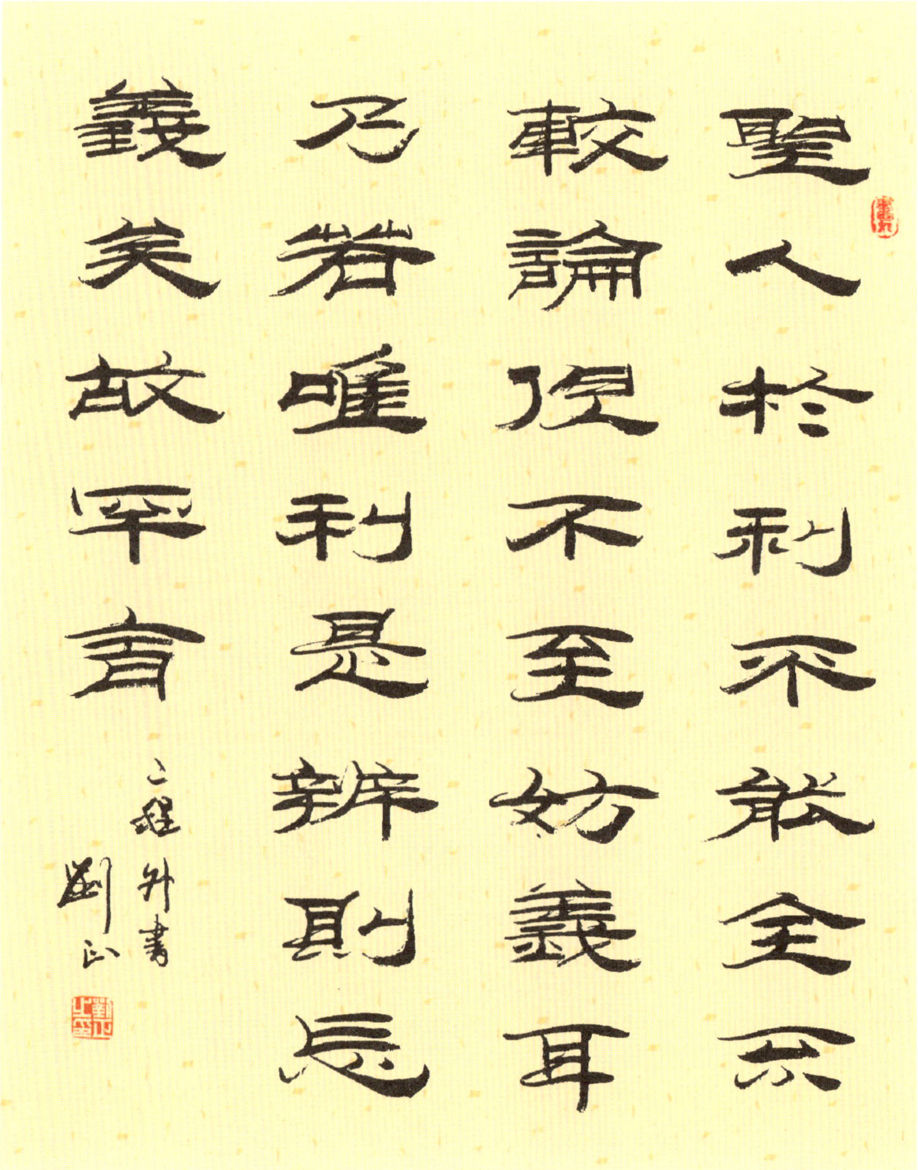
聖人於利不能全不
較論但不至妨義耳
乃若唯利是辨則忘
義矣故罕言
二程外書
劉正

正其谊则利自在，明其道则功自在，专去计较利害，定未必有利，未必有功。

——朱子语类

正其誼則利自在明
其道則功自在尊去
計較利害定未必有
利未必有功

朱子語錄
劉山

义则无不和，和则无不利。

——朱子语类·易四

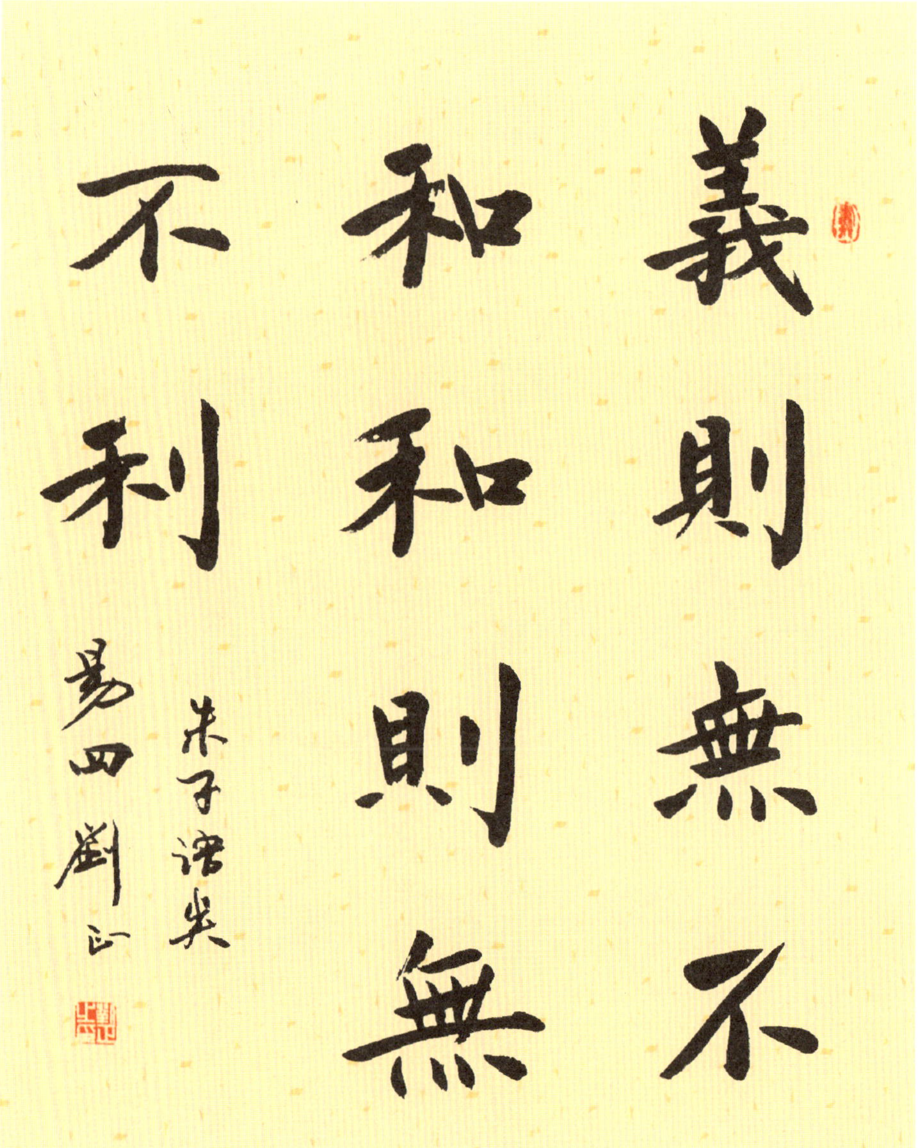
義則無不和和則無不利
朱子語類
易田劉正

天之生人也，使人生义与利。利以养其体，义以养其心。心不得义不能乐，体不得利不能安。义者心之养也，利者体之养也。体莫贵于心，故养莫重于义，义之养生人大于利。

——苏舆《春秋繁露义证》

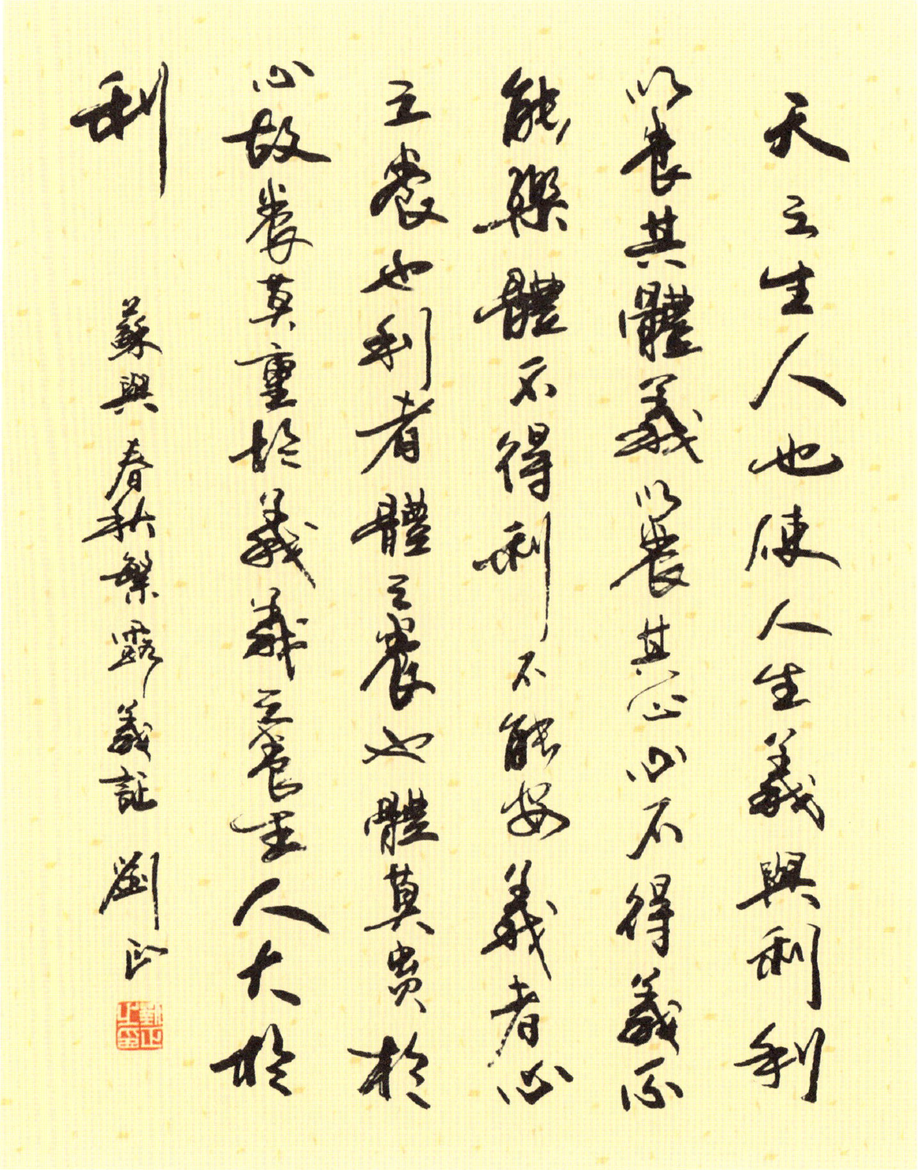
天之生人也使人生義與利利
以養其體義以養其心心不得義不
能樂體不得利不能安義者心
之養也利者體之養也體莫貴於
心故養莫重於義義之養生人大於
利
蘇輿春秋繁露義證 劉正

子曰：『富与贵是人之所欲也，不以其道得之，不处也；贫与贱是人之所恶也，不以其道得之，不去也。』

——论语·里仁

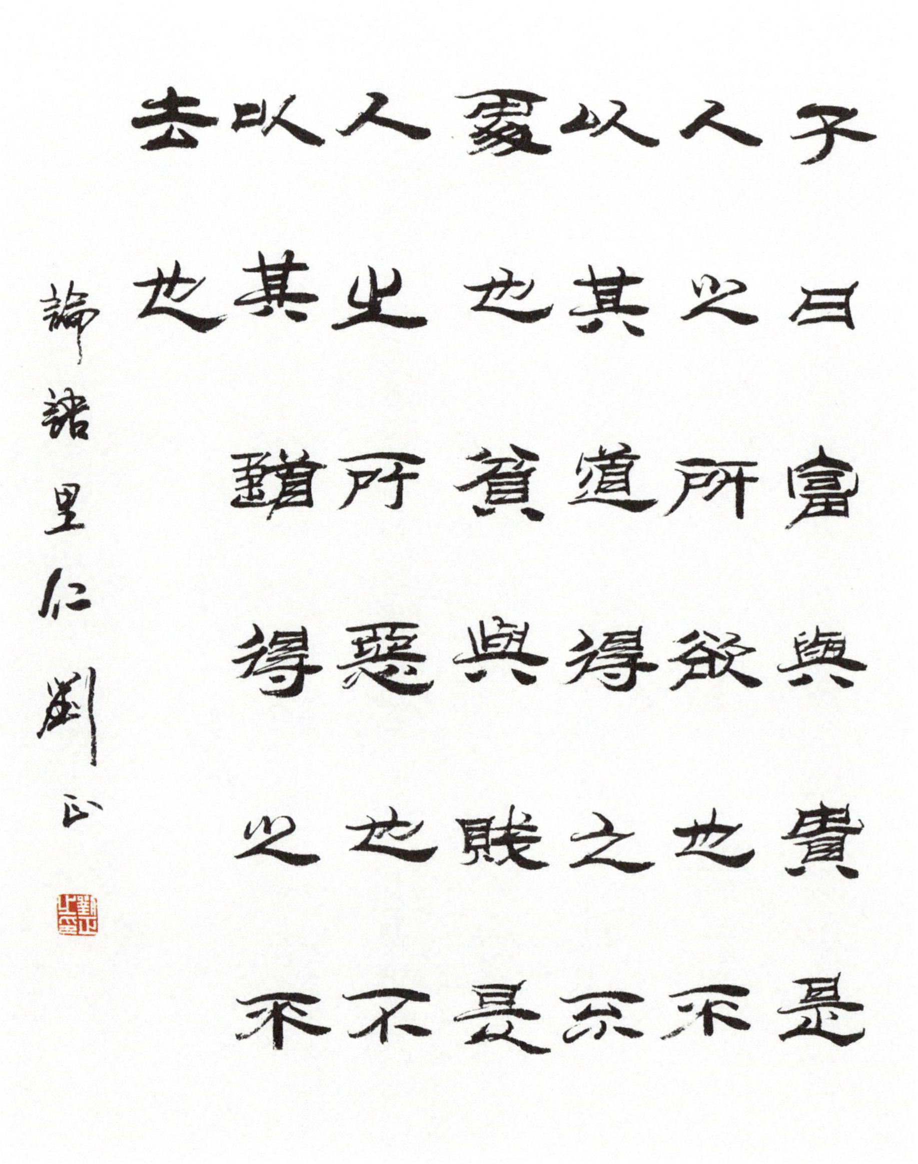
子曰富與貴是
人之所欲也不
以其道得之不
處也貧與賤是
人之所惡也不
以其道得之不
去也
論語里仁 劉正

放于利而行，多怨。

——论语·里仁

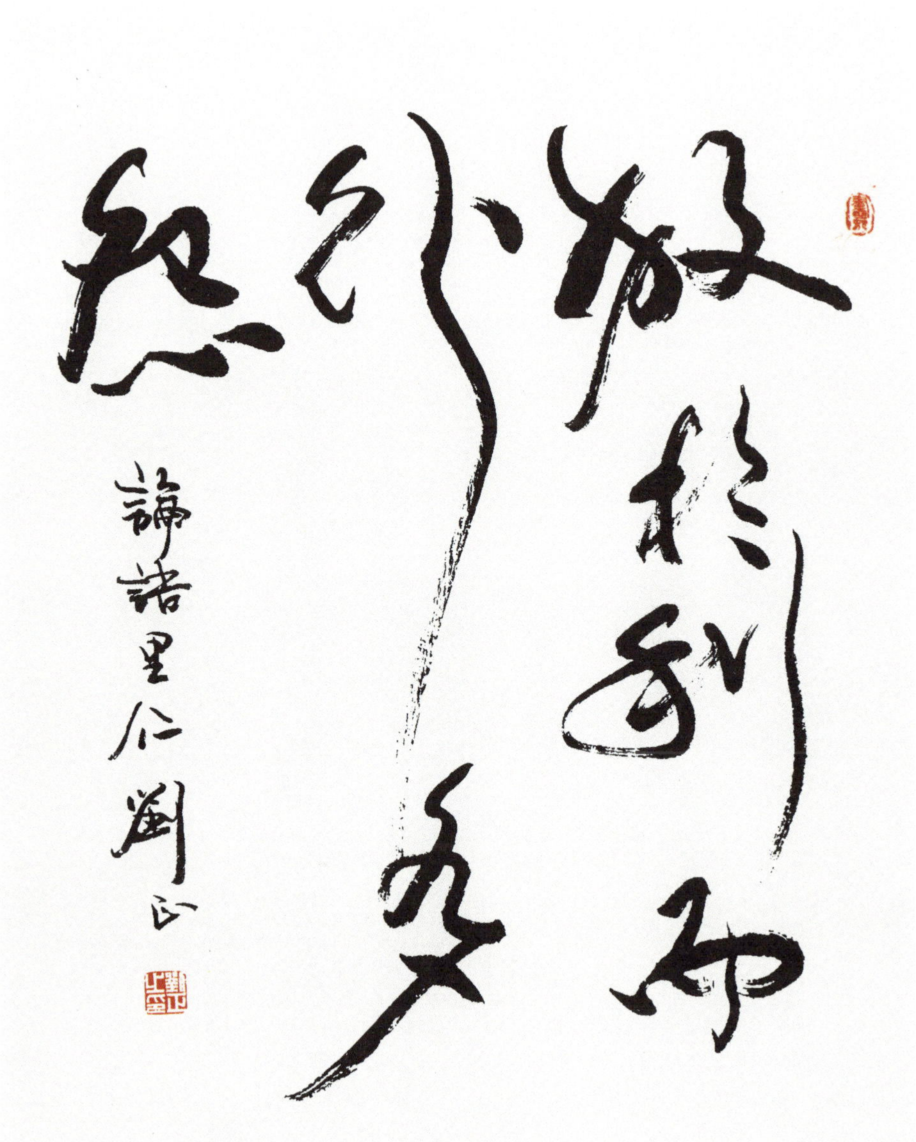
放於利而行多怨
論語里仁 劉正

子曰：『饭疏食饮水，曲肱而枕之，乐亦在其中矣。不义而富且贵，于我如浮云。』

——论语·述而

子曰飯疏食飲水曲
肱而枕之樂亦在其
中矣不義而富且貴
於我如浮雲
論語述而
劉正

好利恶害，是君子小人之所同也，若其所以求之之道则异矣。

——荀子·荣辱

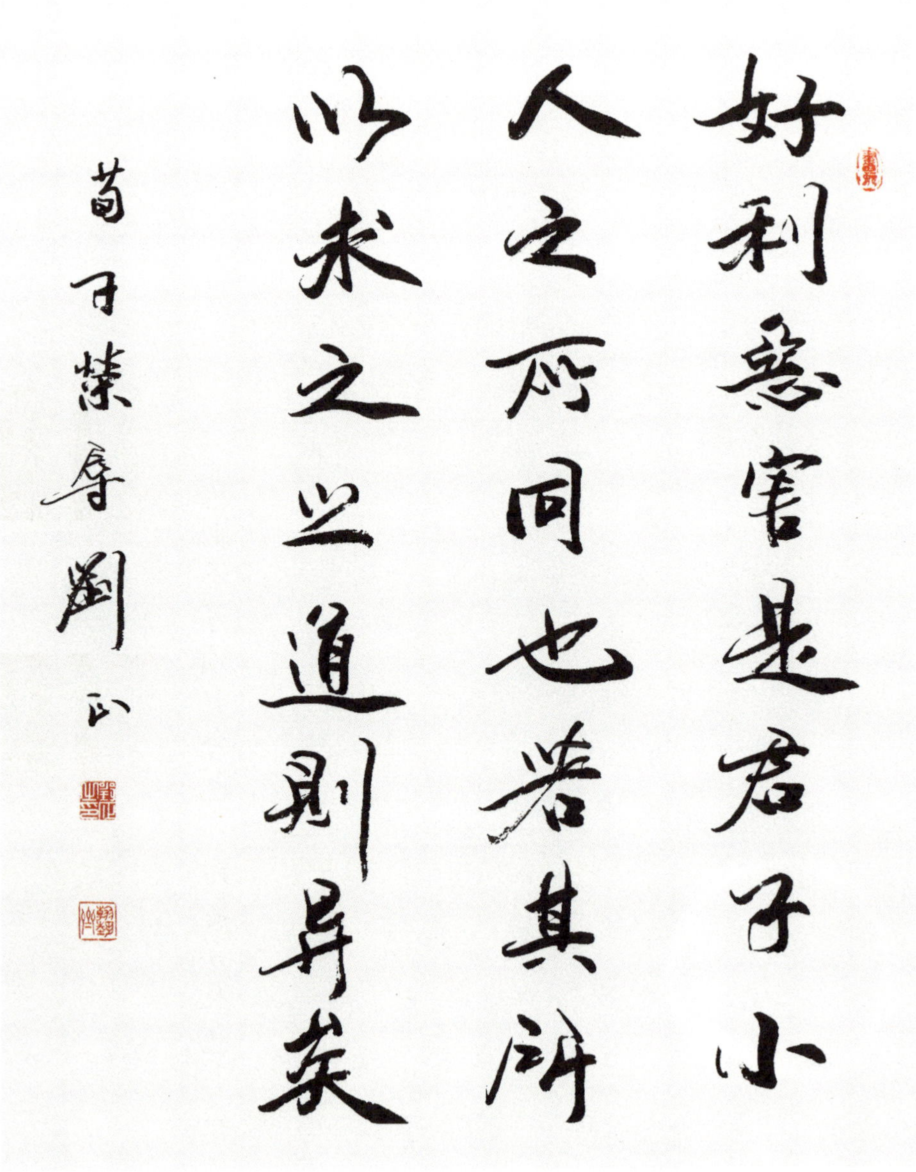
好利恶害是君子小
人之所同也若其所
以求之之道则异矣
荀子荣辱 刘正

义则不可须臾舍也。为之，人也；舍之，禽兽也。

——荀子·劝学

義則不可須臾
舍也為之人也舍
之禽獸也
荀子勸學
劉正

人生而有欲，欲而不得，则不能无求，求而无度量分界，则不能不争。争则乱，乱则穷。先王恶其乱也，故制礼义以分之，以养人之欲，给人之求。

——荀子·礼论

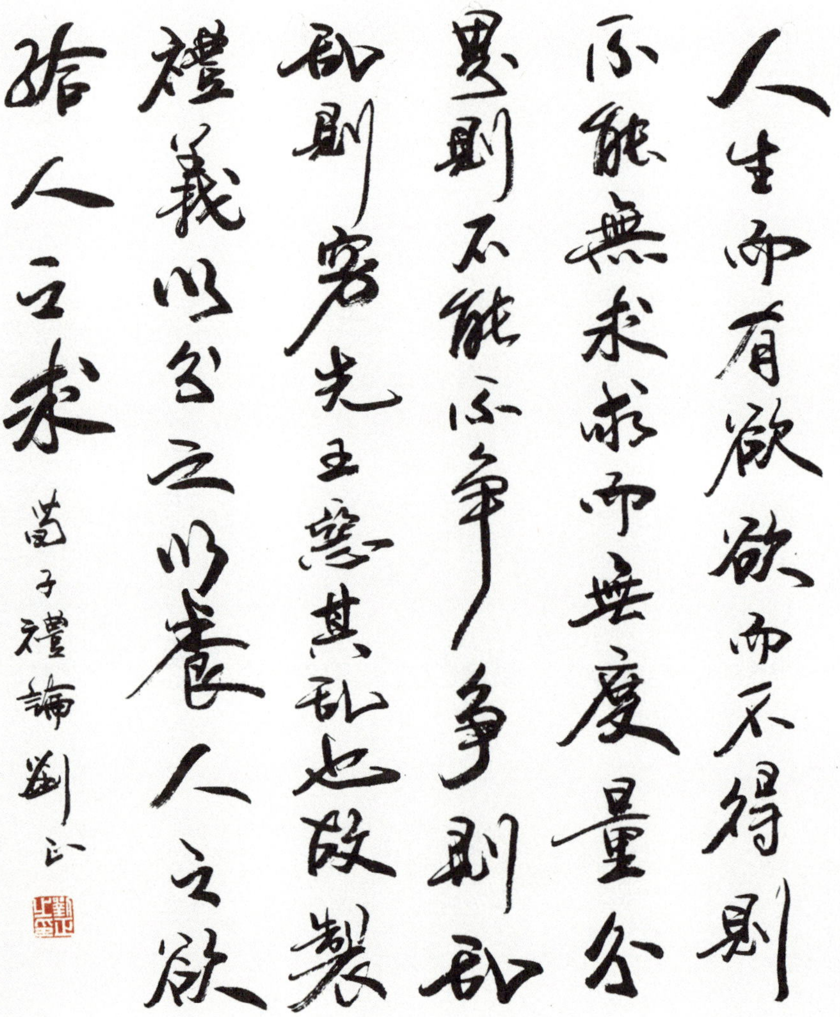
人生而有欲欲而不得則
不能無求求而無度量分
界則不能不爭爭則亂
亂則窮先王惡其亂也故製
禮義以分之以養人之欲
給人之求
荀子禮論 劉

保利弃义谓之至贼。

——荀子·修身

保利弃義
謂之至賊
荀子修身
己亥秋刘正

义与利，只是个公与私也。

——程颐《河南程氏遗书》

義與利祇
是個公與
私也
程頤河南程氏遺書
劉正

公私，其实即义利也。

——陆九渊集·与王顺伯

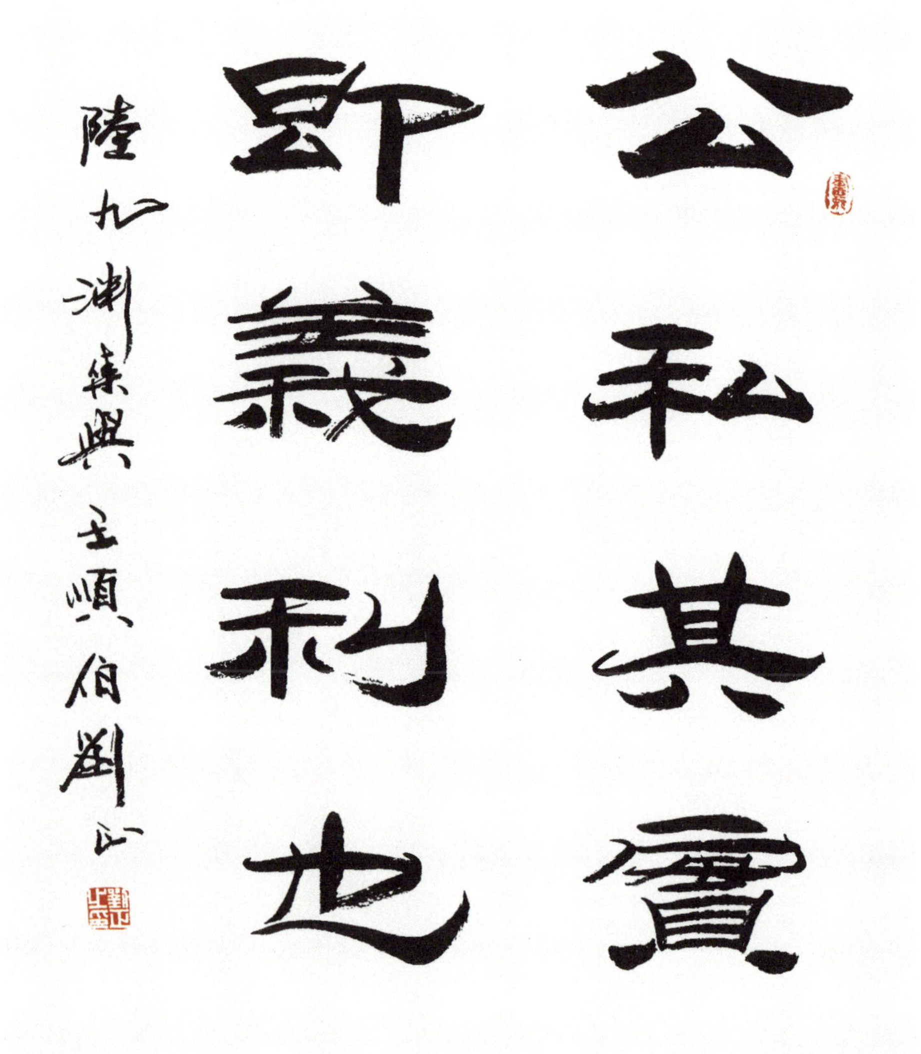
公私其實
即義利也
陸九淵集與王順伯 劉正

学者知心上有公私，便知事上有义利。

——明儒学案

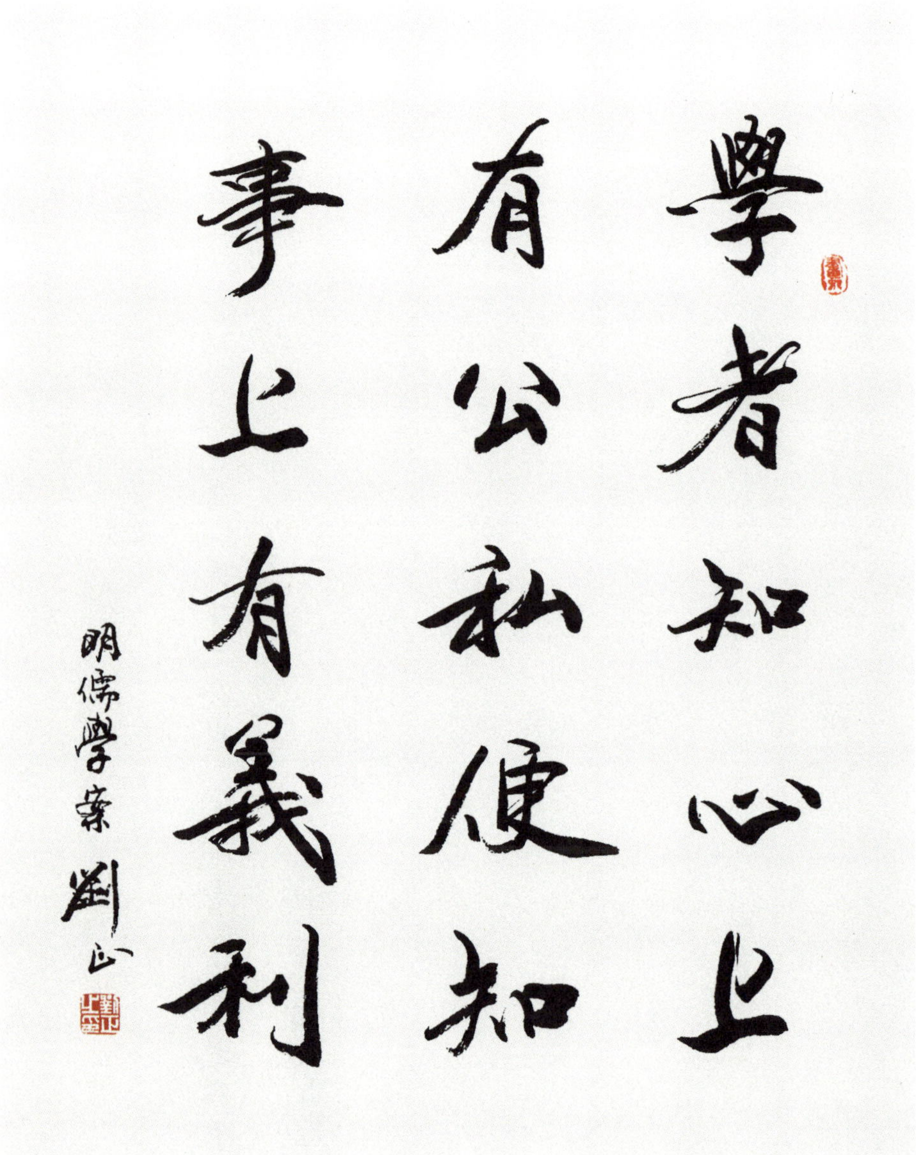
學者知心上
有公私便知
事上有義利
明儒學案
劉正

义也者，天下之公也；利也者，人心之私也。

——龙溪王先生全集

義也者天下之公也利也者人心之私也
龍溪王先生全集 劉正

所谓直者，义必公正，公心不偏党也。

——韩非子·解老

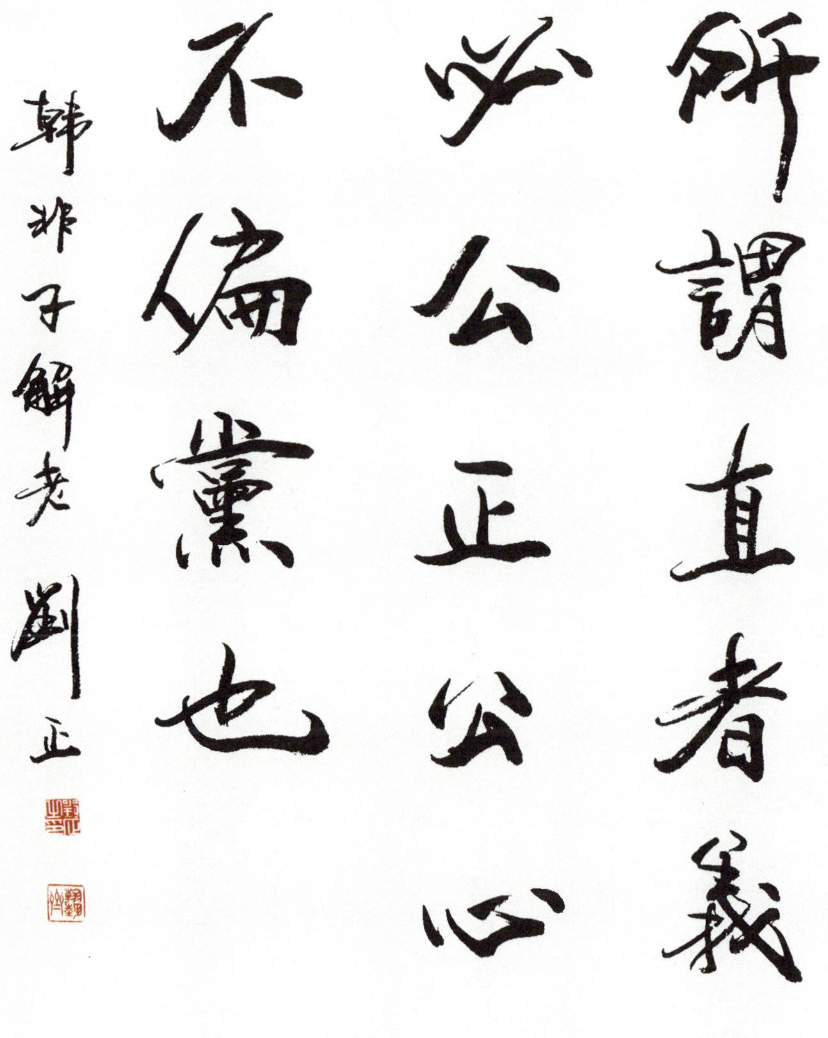
所謂直者義必公正公心不偏黨也
韓非子解老 劉正

天下非一人之天下也，天下之天下也。阴阳之和，不长一类；甘露时雨，不私一物；万民之主，不阿一人。

——吕氏春秋·贵公

天下非一人之天下也天
下之天下也陰陽之和不
長一類甘露時雨不私一
物萬民之主不阿一人

吕氏春秋貴公 劉正

有一人之正义，有一时之大义，有古今之通义；轻重之衡，公私之辨，三者不可不察。以一人之义，视一时之大义，而一人之义私矣；以一时之义，视古今之通义，而一时之义私矣；公者重，私者轻矣，权衡之所自定也。

——王夫之《读通鉴论·安帝十四》

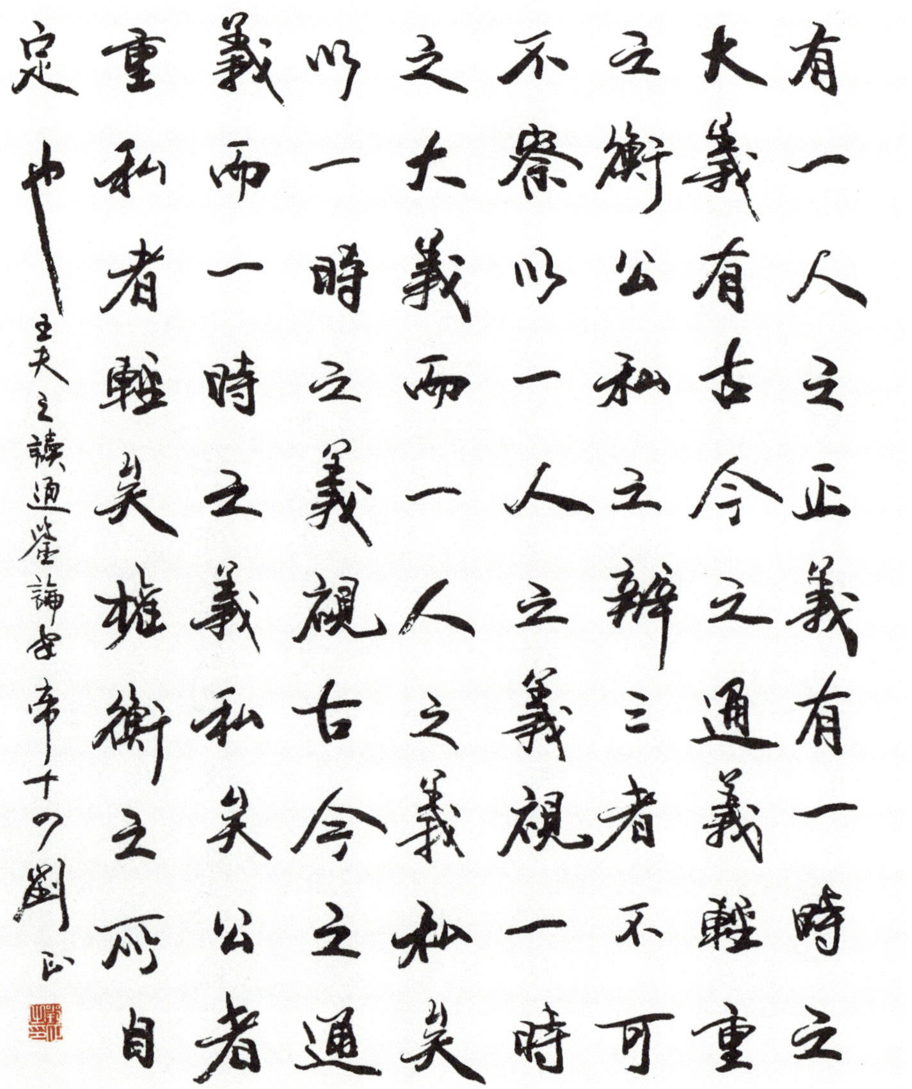
有一人之正義有一時之
大義有古今之通義輕重
之衡公私之辨三者不可
不察以一人之義視一時
之大義而一人之義私矣
以一時之義視古今之通
義而一時之義私矣公者
重私者輕矣權衡之所自
定也
王夫之讀通鑑論安帝十四 劉正

生，亦我所欲也；义，亦我所欲也。二者不可得兼，舍生而取义者也。

——孟子·告子上

生亦我所欲
也義亦我所
欲也二者不
可得兼舍生
而取義者也

孟子告子上 劉正

知死不避，勇也。

——左传·昭公二十年

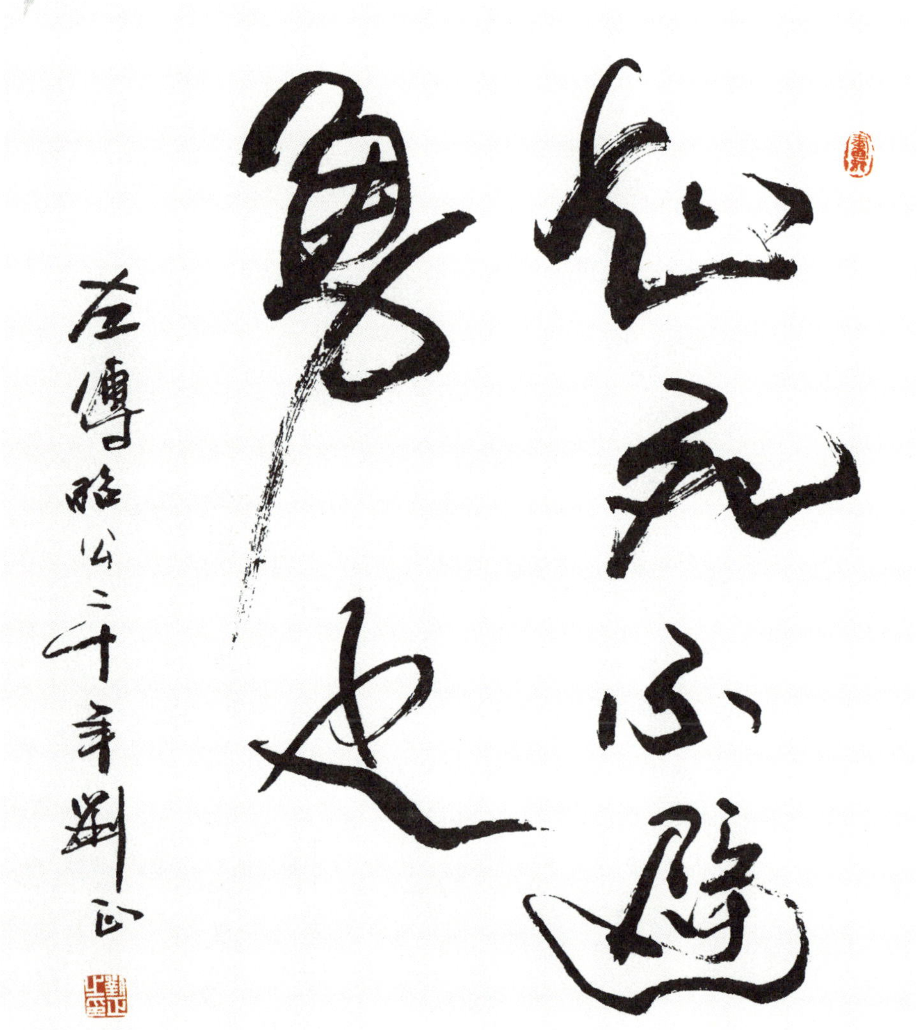
知死不辟勇也
左傳昭公二十年

叶公曰：『周仁之谓信，率义之谓勇。』

——左传·哀公十六年

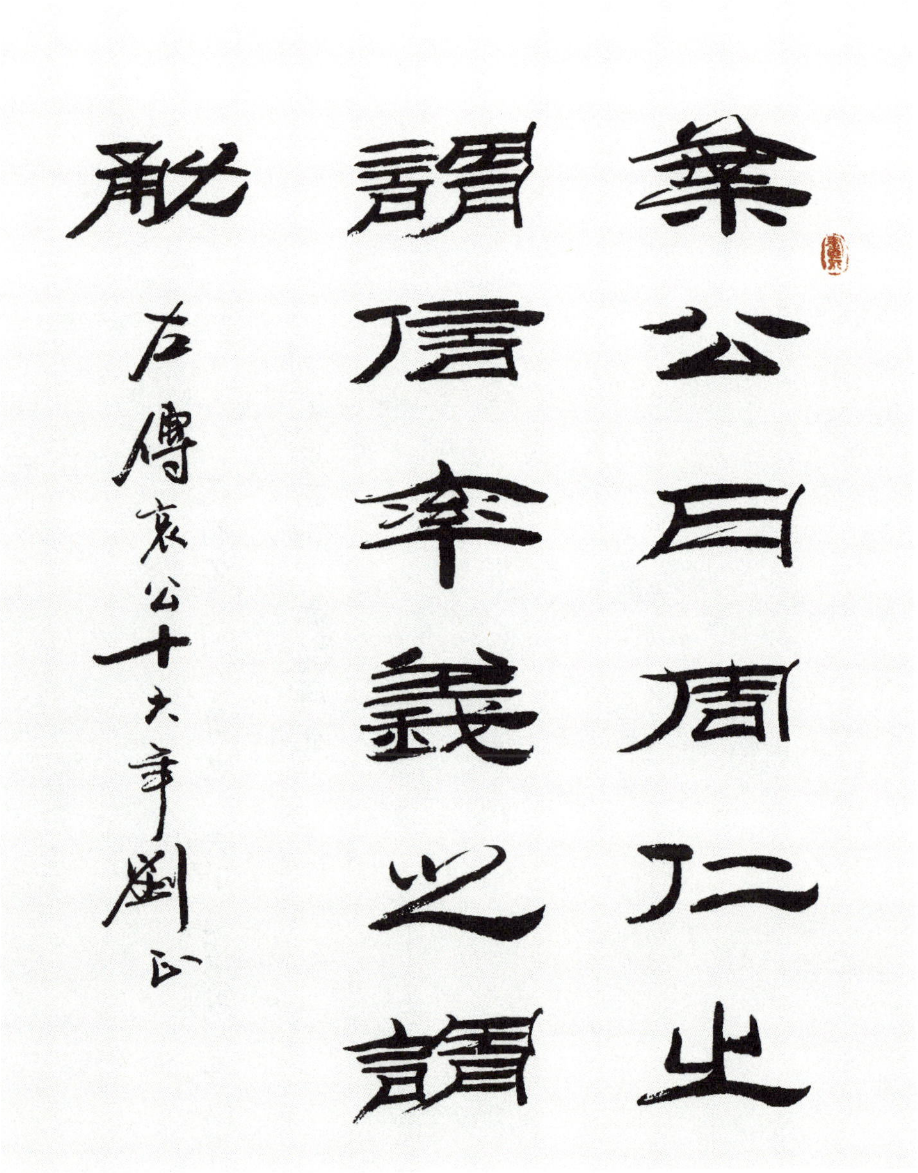
葉公曰周仁之
謂信率義之謂
勇
左傳哀公十六年劉正

死而不义，非勇也。共用之谓勇。吾以勇求右，无勇而黜，亦其所也。

——左传·文公二年

死而不義非勇也
共用之謂勇吾以
勇求右無勇而黜
亦其所也
左傳文公二年
劉正

义之所在，不倾于权，不顾其利，举国而与之不为改视，重死持义而不桡，是士君子之勇也。

——荀子·荣辱

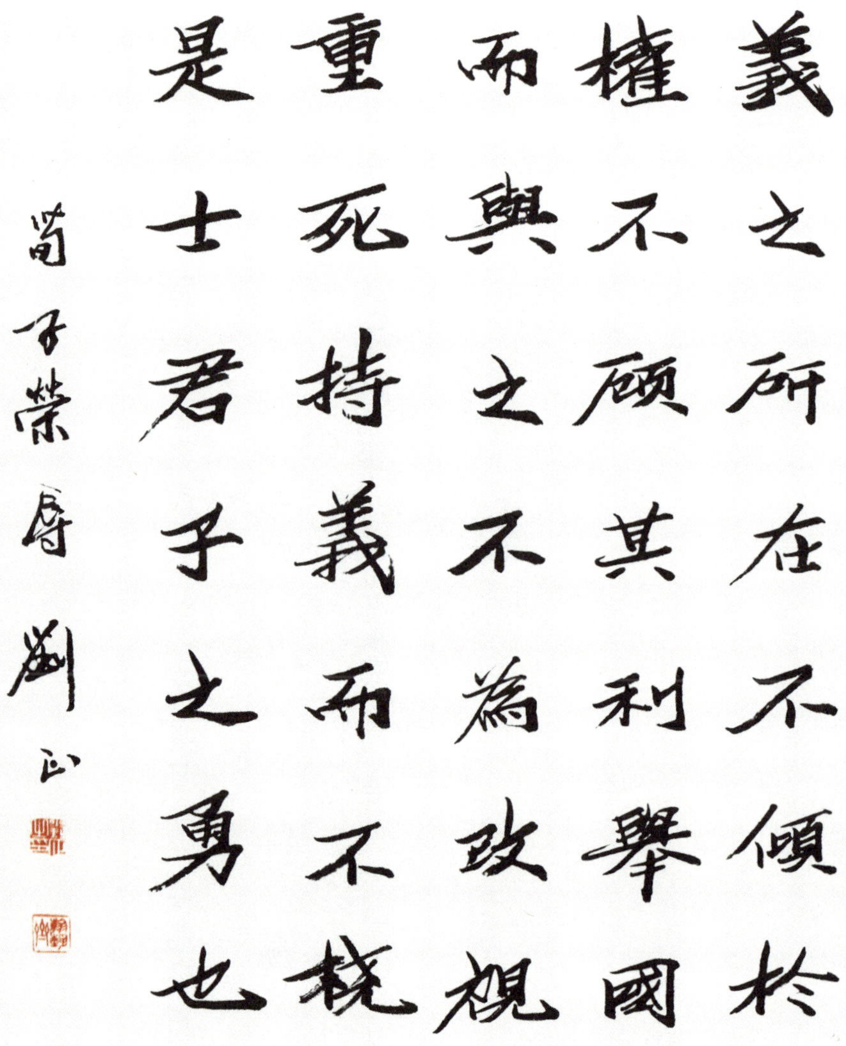
義之所在不傾於
權不顧其利舉國
而與之不為改視
重死持義而不橈
是士君子之勇也
荀子榮辱 劉正

士之为人，当理不避其难，临患忘利，遗生行义，视死如归。有如此者，国君不得而友，天子不得而臣。大者定天下，其次定一国，必由如此人者也。

——吕氏春秋·士节

士之為人，當理不避其難，臨患忘利，遺生行義，視死如歸。有如此者，國君不得而友，天子不得而臣。大者定天下，其次定一國，必由如此人者也。

呂氏春秋士節 劉正

义死不避斧钺之罪，义穷不受轩冕之服。无义而生，不仁而富，不如烹。

——刘向《新序·义勇》

義死不避斧鉞之罪
義窮不受軒冕之服
無義而生不仁而富
不如烹
劉向新序義勇

或临危不挠，视死如归；或赴险如夷，唯义所在。其大则光国隆家，其小则损己利物。故其盛烈所著，与河海而争流；峻节所标，其松柏而俱茂。

——魏书·列传·节义

或臨危不撓，視死如歸；或赴險如夷，唯義所在。其大則光國隆家，其小則損已利物，故其盛烈所著，與河海而爭流；峻節所標，其松柏而俱茂。

魏書列傳節義 劉正

士有杀身以成仁，触害以立义，倚于节理而不议死地，故能身死名流于来世。

——刘向《说苑·立节》

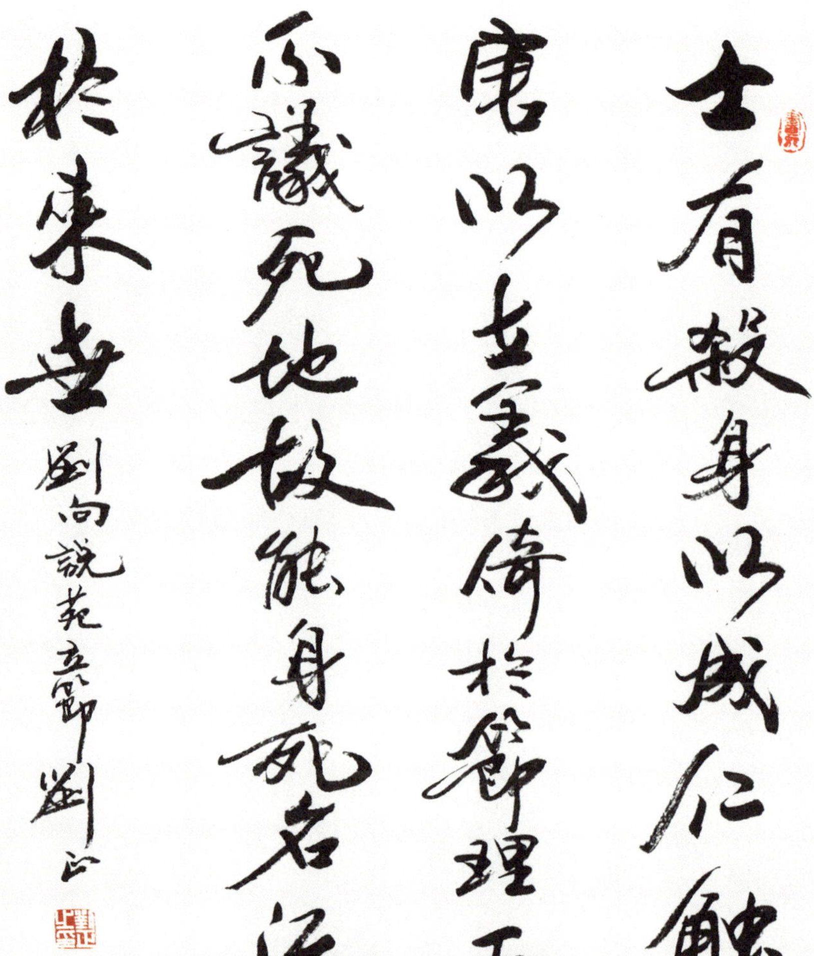
士有殺身以成仁觸
害以立義倚於節理而
不議死地故能身死名流
於來世
劉向說苑立節 劉正

践行篇

唐尧大义让天下

唐尧是中国上古时期部落联盟首领、『五帝』之一。尧二十岁时从兄长帝挚那里继承帝位，治理天下很有成效。尧在位七十多年后，感觉自己已经衰老，有必要选择继任者。他知道自己的儿子丹朱凶顽不可用，不想因此损害天下人，便想将帝位传给贤能之人。他曾拜访当时的名士许由，请他继承帝位，许由主张清淡无为，没有接受。尧又与分管四方的几位大臣商议，请他们推荐人选。大家推荐了舜，说这个人很有孝行，家庭关系处理得也十分妥善。尧决定先考察一番然后再决定。他把自己的两个女儿娥皇、女英嫁给了舜。经过三年各种各样的考察，尧觉得舜这个人说话办事都成熟可靠，吃苦耐劳，还有很强的生存能力，而且能够建功立业，于是将帝位禅让于舜。尧不以天下为私有，帝位不传子而传贤的大义做法，受到了后世高度评价。

唐尧大义让天下　谷中良作

大禹治水舍小家

上古五帝时期，黄河泛滥，给百姓带来了无尽的灾难。尧任用鲧治水失败了，鲧受到惩罚。舜又启用了鲧的儿子禹治水。禹并未因自己的父亲受到惩罚而怨恨在心、消极怠工，而是以天下人的利益为重，深明大义。他率领民众，面对滔滔洪水，从鲧治水的失败中汲取教训，改变了原来『堵』的办法，对洪水进行疏导，最终取得了成功。禹接到治水的任务时刚刚结婚不久，但他毫不犹豫地放下小家，开始长期在外与民众一起奋战。为了战胜洪水，禹争分夺秒，很少有时间回家，甚至『三过家门而不入』。他的儿子启出生后，禹听到了孩子的啼哭声都没有顾上进家门去看看孩子。禹带领民众治水十三年，耗尽了所有心血与体力，终于完成了治水的大业。后人感念其恩德，尊称他为『大禹』『禹神』。

大禹治水舍小家　谷中良作

比干恃善行仁义

比干是商王帝乙的弟弟，商纣王帝辛的叔叔，殷商王室的重臣。他辅佐商王帝乙，在帝乙临终前接受托孤之重，辅佐商纣王帝辛。比干历经两朝，忠君爱国，为民请命，敢于直言劝谏。他从政四十多年，主张鼓励发展农牧业生产，提倡冶炼铸造，富国强兵。到了商朝末年，纣王暴虐荒淫，横征暴敛，耗费大量人力、财力，建造了一座塔楼，取名『摘星楼』，每天在上面花天酒地。比干叹道：『君主有过错，做臣子的不劝谏是不忠，怕死而不敢说话是不勇，以死劝谏君主改过是至忠。』于是，比干到摘星楼劝谏纣王施行仁义，改善政治，三天三夜不肯离开。纣王问他凭什么敢这样进谏，比干回答：『凭着善行仁义』。纣王大怒说：『你自比圣人，我听说圣人的心有七个孔，我要看看你的心是什么样子！』于是杀了比干剖腹验心。比干为争取仁义而死，后世尊他为亘古第一忠臣。

比干恃善行仁义　谷中良作

伯夷义不念旧恶

伯夷、叔齐兄弟是殷代末年孤竹国国君的儿子，伯夷是老大，叔齐是老三。父亲想立叔齐为君，等到父亲死后，叔齐想让位给长兄伯夷。伯夷说：『这是父亲的意愿。』于是就逃走了。叔齐也不肯继承君位，也逃走了。国人只好立孤竹君的次子为国君。这时，伯夷、叔齐听说西伯侯姬昌敬养老人，便去投奔。可是等到他们到达的时候，西伯侯已经死了。他的儿子武王正向东进发，讨伐纣王。伯夷、叔齐劝阻武王说：『父亲尚未安葬就起兵，能说得上是孝吗？作为臣子而杀害君主，能说得上是仁吗？』武王身边的人想杀死他们，太公姜尚说：『这是两位义士啊！』于是派人把他们送走了。武王伐纣成功，天下都归顺于周朝，而伯夷、叔齐却以此为耻，坚持不吃周朝的粮食，并隐居于首阳山，『采薇而食』，直至饿死。

伯夷义不念旧恶　谷中良作

鲍叔牙义荐管仲

鲍叔牙和管仲都是春秋时期的政治家。二人年轻时是好朋友，在一起经商、打仗，鲍叔牙总是帮助管仲。公元前六九八年，齐襄公即位。齐襄公荒淫无道，他的两个弟弟公子纠和公子小白分别流落到鲁国和莒国。当时，鲍叔牙辅佐公子小白，管仲辅佐公子纠。公元前六八六年，齐国内乱，齐襄公被杀。公子纠在鲁国的支持下，与公子小白争夺王位，管仲想用箭射死公子小白，公子小白将计就计骗过了管仲。最终，在鲍叔牙的帮助下，公子小白夺取了王位，称齐桓公。在齐国的威胁下，鲁国逼死了公子纠，交出了管仲。鲍叔牙亲自到城外迎接管仲，并且对齐桓公说：『当年各为其主，管仲才用箭射您，但论治国，管仲比我强多了，希望大王能够重用他。』于是，齐桓公命管仲为相国，鲍叔牙成了管仲的副手。在管仲和鲍叔牙的辅佐下，齐国越发强大起来，齐桓公最终成为春秋时期五霸之首。

鲍叔牙义荐管仲　谷中良作

鲁仲连义不帝秦

鲁仲连，又名鲁连，战国末期齐国贵族。赵孝成王时，秦军围困了赵国都城邯郸。魏王派将军晋鄙营救赵国，晋鄙因为畏惧秦军，驻扎在汤阴（一说驻扎在邺）不敢前进。魏王又派将军辛垣衍潜入邯郸，通过平原君劝说赵王，只要尊秦为帝，秦王就会撤兵离去，平原君犹豫不决。正在邯郸游历的鲁仲连听到消息后，立即去见平原君，要求其为他引见辛垣衍。鲁仲连听完辛垣衍的说辞后，指出秦国是废弃礼义而崇尚战功的国家，用权诈的手段役使其士兵，像对待俘虏那样待其民众。他义正词严地表示：如果秦王自称为帝，仲连宁愿跳海而死也不做秦国的臣民。他还列举了许多历史事例来说明尊秦为帝的危害，经过激烈辩论，终于说服魏赵两国不尊秦为帝。秦军知道后，向后退兵五十里。这时，魏公子无忌夺取了晋鄙的军权，领兵救赵，秦国终于引军而去。

鲁仲连义不帝秦　谷中良作

烛之武义退秦师

烛之武，春秋战国时期郑国人。公元前六三〇年，晋文公、秦穆公联合围攻郑国。郑国大夫佚之狐对郑文公说：『郑国处于危险之中，如果能派烛之武去见秦君，一定能说服他们撤军。』郑文公听了他的话去请烛之武。烛之武年岁已经很大，只担任着一个很小的官职。他推辞说：『我年轻时尚且不如别人，现在老了，没有能力办事情了。』郑文公惭愧地说：『我早先没有重用您，危急之中求您，这是我的过错。然而郑国灭亡了，对您也不利啊！』在国家生死存亡之际，烛之武答应了郑文公的请求。到了夜晚，郑国人用绳子将烛之武从城上放下去，去见秦穆公。烛之武只字不提郑国利益，而是站在秦国的立场上，分析灭亡郑国的利害。他向秦穆公指出，灭掉郑国，实际是增加邻邦晋国的土地，远处的秦国是得不到土地的，况且晋国不讲信用，力量壮大后一定会向西扩张。秦穆公认为他说的很有道理，最终带兵离开了。

烛之武义退秦师　谷中良作

子贡义举赎鲁人

子贡，春秋末年卫国人。孔子『受业身通』的弟子之一，位列『孔门十哲』，孔子曾赞誉其为『瑚琏之器』。作为孔子的得意弟子，子贡在理财经商上有着卓越的成就，他善于经商，曾经往来于曹国、鲁国之间，富致千金，为七十二贤人中首富。不仅如此，子贡办事通达，有济世之才，曾任鲁国、卫国之相。他利口巧辞，善于雄辩，以言语闻名于当世。子贡还坚持『君子爱财，取之有道』，不仅在经商中讲诚信，更多行义举，为后世商界所推崇。当时鲁国有一条法律，凡是遇到鲁国人沦为其他诸侯国的奴隶，如果能把他们赎回鲁国，赎金可以由国家来支付。有一次，子贡从其他诸侯国赎回了鲁国人，鲁国要向他支付赎金，他却婉言谢绝。这种诚信经商、重义轻利的货殖之道，被后世誉为『端木遗风』，子贡也因此成为中国民间信奉的『财神』，为后世尊仰。

子贡义举赎鲁人　谷中良作

蔺相如深明大义

蔺相如原本是战国时期赵国一个宦者令的门客，出身低微。他因『完璧归赵』和『渑池会』上的表现，被赵惠文王拜为上卿，位置超过了赵国的名将廉颇。廉颇很不服气，扬言说：『我遇见相如，一定要羞辱他。』蔺相如听到后，每次上朝时，常常推说有病，不去和廉颇争位次的先后。外出时，远远看到廉颇就掉转车子回避。门客们不理解，就跟蔺相如请辞。蔺相如问道：『诸位认为廉将军和秦王相比谁厉害？』大家说：『廉将军比不了秦王。』相如说：『以秦王的威势，我都敢在朝廷上呵斥他，羞辱他的群臣，我虽然无能，难道会怕廉将军吗？但是我想到，秦国之所以不敢攻打赵国，就是因为有我和廉将军在，如今两虎相斗，势必不能共存。我之所以这样忍让，是把国家的利益摆在前面，把个人的私怨放在后面。』廉颇知道后，非常羞愧，来到蔺相如门前负荆请罪，二人和好，成为生死之交。

蔺相如深明大义　谷中良作

程婴智勇救孤儿

晋景公三年（前五九七年），司寇屠岸贾陷害赵盾家族，赵盾和儿子赵朔全族被诛灭。只有赵朔的妻子幸免于难，生下一个男婴，成为赵盾家族唯一的后代。屠岸贾听说后，到处搜寻，并公告敢于藏匿者处死。程婴是赵盾及其子赵朔的友人，决心为赵家保全这个孩子。他与赵盾的门客公孙杵臼结成生死之交，二人商定了一个办法。程婴将自己的孩子交给公孙杵臼冒充赵家后代，然后向屠岸贾『告发』，公孙杵臼和那个婴儿都被杀掉了。程婴背负着骂名，带着赵家真正的后代，躲到了山里。十五年后，晋景公感念赵盾昔日的功劳，知情人韩厥趁机告诉景公实情。程婴和长大的婴儿赵武，重新回到宫中。赵武复位，列为卿士。真相大白后，屠岸贾被诛全族。程婴完成夙愿后，怀着对公孙杵臼的歉疚之情，也为了证明自己苟活于世并非为个人考虑，就与赵武等人诀别，赵武哭着磕头劝阻他，程婴还是自杀了。

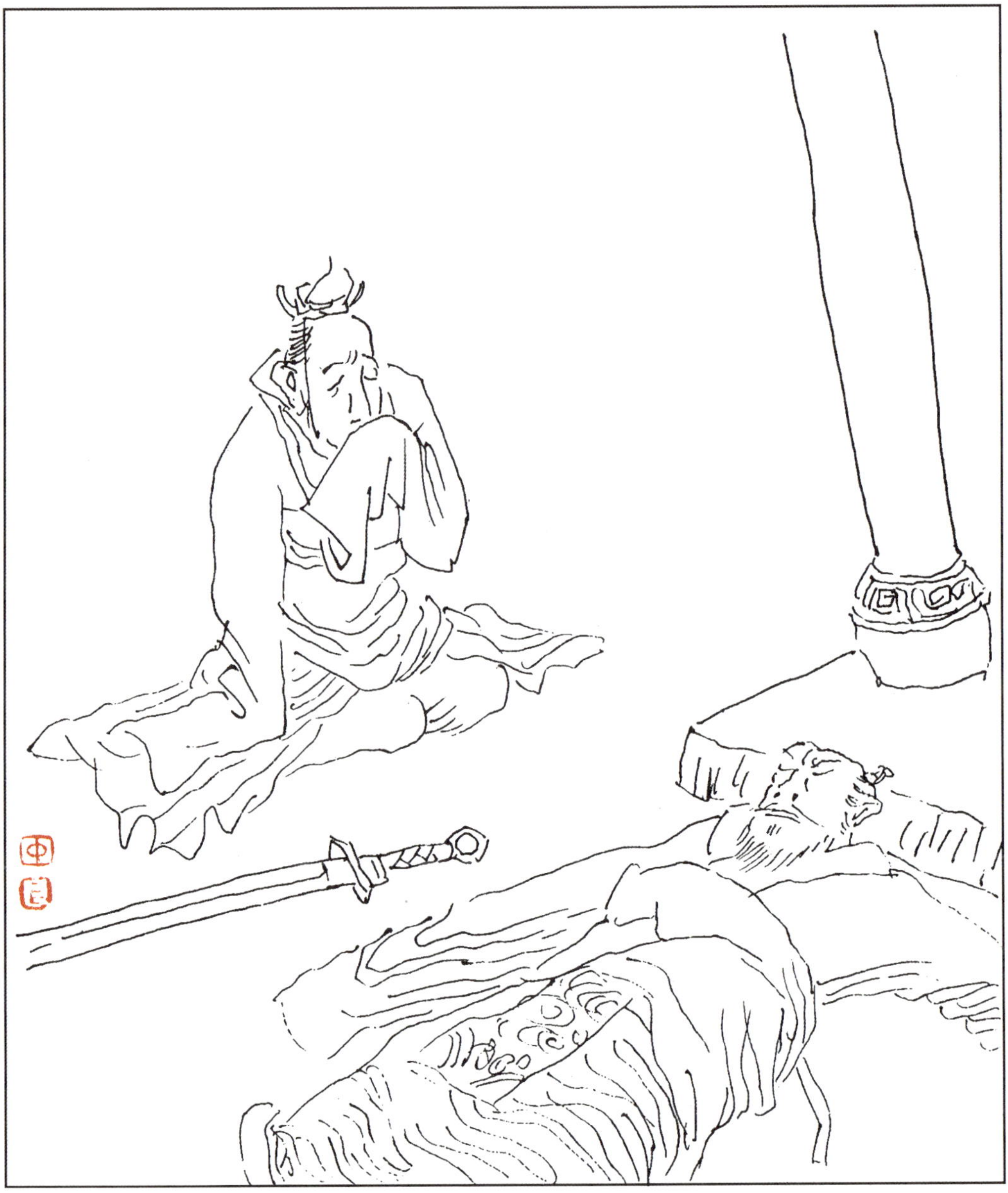

程婴智勇救孤儿　谷中良作

石碏（què）大义灭亲子

春秋时期，卫庄公的一个爱妾生了个儿子，取名州吁，卫庄公非常宠爱他，任命他为将军。卫国大夫石碏劝庄公对州吁要严加管束，卫庄公不听。石碏的儿子石厚私下与州吁交往甚密。庄公死后，卫桓公即位，州吁与石厚密谋，刺杀卫桓公，自立为君，拜石厚为大夫。州吁派石厚回家问他的父亲石碏怎样才能得到卫国人的拥护。石碏假意为他们出主意，说州吁要亲自去陈国疏通关系，好得到周天子接见的机会，这样可以稳固自己的地位。州吁就与石厚一起携带重礼到陈国去。石碏暗中派人给陈国大夫子针送了一封信，信中说：『卫国太小，而我已经老了，没有力量做什么事了，这两个人是杀害卫桓公的凶手，请您将他们抓起来！』于是，州吁和石厚一到陈国便被陈桓公抓了起来。不久，卫国派人到陈国杀了州吁。因为石厚是石碏的儿子，有人主张饶了石厚，被石碏拒绝，石碏亲自派人到陈国杀了石厚。

石碏（què）大义灭亲子　谷中良作

鉏麑（chú ní）义愧触槐死

春秋时期，晋灵公贪图享乐，成天与宠臣屠岸贾游园嬉闹，残虐百姓。辅政的相国赵盾多次劝谏，晋灵公对这位老臣是又恨又怕。屠岸贾出主意说：『我家里有个大力士叫鉏麑，干脆让他去刺死赵盾。』晋灵公点头同意。鉏麑接到任务，天还没有亮，就翻墙来到赵盾家的院子，却发现赵盾已经早早起来，穿戴整齐，端坐在房间里等着上朝。因为时间还早，赵盾正在闭着眼考虑问题。鉏麑看到赵盾这样忠诚勤勉，又看到赵盾家里非常简朴，根本不像他想象中的相府，最终不忍心下手。鉏麑想，不杀赵盾就是对自己的主人不忠，但是杀了赵盾这样的忠臣，自己就是晋国的罪人，两者之间，无论哪一种结果，都不能接受。鉏麑看到院子中有一棵大槐树，便一头撞了过去，触槐而死。

鉏麑（chú ní）义愧触槐死　谷中良作

毛遂自荐为国家

毛遂是战国时期赵国的相国平原君的门客。公元前二五九年，秦军包围了赵国都城邯郸，但久攻不下。邯郸城内的粮食即将耗尽，赵国形势万分危急。第二年，平原君奉赵孝成王之命去楚国求兵解围。他准备带二十个门客一起去，毛遂向平原君自我推荐说：『希望您以毛遂凑足人数吧！』平原君说：『锥子放到囊中，就会露出尖来，我从来没有听说过关于先生的赞语，还是请先生留下吧！』毛遂说：『我不过今天才请求进到囊中罢了。』于是，平原君带毛遂一道前往。到了楚国，楚王与平原君在大殿之上谈了半天也没有结果。毛遂走上前去，丝毫不畏惧楚王的呵斥，把出兵援赵的利害关系做了精辟的分析，说得楚王心悦诚服，答应马上出兵。楚、魏等国联合援赵，秦国终于撤兵。

毛遂自荐为国家　谷中良作

樊於（wū）期殉义成仁

樊於期是战国末期秦国的大将，他煽动秦王政的兄弟长安君造反没有成功。长安君被秦王政杀了，樊於期逃到了燕国，后来被燕太子丹收留。秦王政杀了樊於期的全家，并且悬重赏捉拿他。公元前二二七年，燕太子丹请荆轲刺杀秦王政。荆轲说：『为了接近秦王，请将燕国最好的土地督亢的地图献给秦王。』荆轲又找到樊於期，告诉了他刺杀计划。荆轲对樊於期说：『为了取得秦王信任，我想借将军的人头一用，把他献给秦王，这样我才能伺机下手。』樊於期一听，说道：『我日夜都想找机会杀秦王报仇，苦于没有机会。先生认为我还有用，这是看得起我，希望先生能够成功！』说完，毫不犹豫地拔剑自刎。太子丹知道后，痛哭一场，将樊於期尸身安葬。荆轲带着地图和樊於期的人头踏上刺秦之路。

樊於（wū）期殉义成仁　谷中良作

太史兄弟生死简

公元前五四八年，齐庄公与大夫崔杼的妻子有私情，被崔杼杀死。崔杼在齐国的权力很大，他杀了庄公，并立庄公的异母弟弟为景公。这件事发生后，齐国的太史秉笔直书，记载『崔杼弑其君』。崔杼看到后，一怒之下杀了太史，令太史的弟弟重新写，要他写庄公暴病而死。但太史的弟弟仍然写『崔杼弑其君』，崔杼又杀了他。崔杼又命太史的三弟来写，三弟不畏强权，还是写下了『崔杼弑其君』，崔杼又杀了这个三弟。太史家四兄弟中最后一个兄弟来了，还是写『崔杼弑其君』。崔杼实在是无可奈何，就放了这个兄弟。太史家的老四出来往回走，碰到了另一个史官家的人，正抱着竹简赶来，准备接替老四。看到老四已经据实记载，才抱着竹简回去了。

太史兄弟生死简　谷中良作

董狐直笔写春秋

春秋时期，晋灵公昏庸无道，残暴荒淫。相国赵盾一心希望灵公能恢复霸业，多次劝阻晋灵公为晋国着想，晋灵公却想方设法置赵盾于死地。赵盾和他的儿子被迫逃往别国。在逃跑的途中，赵盾正巧遇见晋灵公的姐夫赵穿，并告诉他自己逃亡的原因。赵穿听后非常生气，就去找晋灵公评理。晋灵公不但不听，反而对赵穿恶言恶语。无奈之下，赵穿命令卫士一拥而上杀死了晋灵公。赵盾听到这件事后，返回晋国，拥立晋灵公的叔叔为王，就是晋成公。赵盾登上相位后，想知道史官对这件事的评价，于是就把太史令董狐找来，董狐把大事记录给赵盾看，上面写着『秋七月，赵盾弑其君』。赵盾质问董狐：『谁都知道，先君不是我杀的，你怎么让我承担罪名呢？』董狐回答道：『你身居相位，曾经逃亡而没有走出国境，回来后又不惩办凶手，这不是你的责任，又是谁的责任呢？』赵盾听后只能作罢。

董狐直笔写春秋　谷中良作

田横自刎守忠义

田横原为齐国贵族，秦朝末年，陈胜、吴广起义后，田横与其兄田儋、田荣也反秦自立，试图恢复齐国。后来田儋死于秦将章邯之手，田荣也被项羽所杀。汉高祖刘邦统一天下，田横不肯向汉称臣，率五百门客逃到了海岛（今山东即墨的田横岛）。刘邦知道原来齐国的贤士大都归附了田横，担心不加以收揽，难免留有祸患，于是就派人招抚，并说如果来京，最大可以封为王，最小也可以封为侯；如果不来，将派军队加以诛灭。田横和他的两个门客乘坐驿站的马车前往洛阳，在离洛阳三十里远的驿站，他对门客说：『我起初和汉王都是南面称孤的王，而现在汉王做了天子，我却要称臣侍奉他，这是莫大的耻辱。刘邦就在洛阳，他不过是想见一下我的面貌罢了。现在割下我的头颅，给他送去吧！』说完之后，横刀自刎。后来，田横手下那五百个在海岛上的门客听到田横已死，也都在岛上自杀了。

田横自刎守忠义　谷中良作

纪信死节明大义

纪信是汉朝的将军，原为战国时期赵国人。秦朝末年，他随刘邦起兵抗秦，曾在鸿门宴上保护刘邦。公元前二〇四年夏，项羽派兵攻打汉军，荥阳城内粮草将尽，将士也精疲力竭，刘邦十分着急。纪信因为身形及样貌酷似刘邦，便对刘邦献计说愿意假装汉王，向西楚诈降，掩护刘邦逃走。刘邦同意后，由陈平写了降书，派人送交项羽，说汉王今夜出东门投降。到了半夜，刘邦在他的将领的保护下从西门逃走了。纪信装成汉王的模样出来投降，被项羽俘获。项羽发现不是刘邦，便问：『你是何人，敢冒充汉王？』纪信答道：『我乃大汉将军纪信。』项羽又问：『汉王在哪里？』纪信说：『早已离开了！』项羽非常生气，但他看纪信忠心耿耿，就有意招降他，却被纪信拒绝了。最终，纪信被项羽用火刑处决。

纪信死节明大义　谷中良作

苏武忠义感天地

苏武，西汉杜陵（今陕西西安东南）人，是威武不屈、名垂青史的爱国义士。公元前一〇〇年，匈奴政权新单于即位，尊大汉为丈人。汉武帝为了表示友好，派遣苏武率领一百多人出使匈奴，持旄节护送扣留在汉的匈奴使者回国。不料，就在苏武完成了出使任务，准备返回自己的国家时，匈奴上层发生了内乱，苏武一行受到牵连，被扣留下来。匈奴贵族多次威胁利诱，欲使其投降，但苏武大义凛然，不为所动，后被流放到北海（今俄罗斯贝加尔湖）边牧羊，要等公羊生子方可回国。苏武在北海边牧羊，历尽严寒酷暑，渴饮雪，饥掘野兽之穴寻食，但他的爱国意志始终没有动摇。苏武将汉武帝赐给他的节杖日夜带在身边，『卧起操持』，几年后『节尾尽落』，但仍然杖不离身，十九年持节不屈。始元六年（前八一年），获释回汉。苏武去世后，汉宣帝将其列为麒麟阁十一功臣之一，以表彰其忠贞不二的气节。

苏武忠义感天地　谷中良作

司马迁秉正著史

司马迁，夏阳（今陕西韩城南）人。西汉史学家、文学家、思想家。其父司马谈，因汉武帝东巡泰山举行封禅大典，作为参与制订封禅礼仪的官员因病留滞在周南（今湖北）未能继续前行。司马谈心中愤懑以致病情加重，去世前将自己著史的未竟之志托付给儿子司马迁。司马迁子承父业，但却因在朝廷上仗义执言，为李陵投降敌军的行为辩论，被汉武帝处以死刑。在西汉，士大夫犯了死刑可以在死刑和腐刑中自行选择。身负替父著史重任的司马迁毅然选择了腐刑。出狱后，司马迁被授任由宦官担任的中书令。因受辱而获取这个职位，在司马迁看来是人生极大的侮辱，他多次萌生自杀的念头，但想到父亲临死前的嘱托和著史大义，他再次坚定了隐忍立言的信念。最终，司马迁背负着父亲穷尽一生也未能完成的理想，在坚韧与屈辱中，完成了历史赋予的使命，写成了千古史学名著史记。

司马迁秉正著史　谷中良作

宋弘富贵念糟糠

宋弘，京兆长安（今陕西西安西北）人，东汉初大臣。他为人正直，为官清廉，直言敢谏。赤眉军攻入长安时，他以装死得免。光武帝刘秀即位后，历任太中大夫、大司空，以品行清雅获得赞誉。汉光武帝建武二年（二六年），湖阳公主死了丈夫，皇上与她一道谈论朝中大臣，暗中观察她所中意的对象。公主说：『宋公的威严仪容、德行器量，群臣中没有人赶得上。』皇上说：『如果配得上姑且就考虑宋公。』过后，宋弘被引入宫中单独接见，皇上命公主坐在屏风后面听，然后对宋弘说：『谚语说「显贵了就换朋友，富有了就换妻子」，这是人之常情吧？』宋弘说：『臣所听到的是贫贱时候的朋友不可忘记，患难时候的夫妻不可离异。』皇上回头向公主说：『事情没办法撮合了！』宋弘因不畏权贵，不易糟糠之妻而博得很高的声望，光武帝刘秀也对他很是信任和器重。

宋弘富贵念糟糠　　谷中良作

李固忠直秉大义

李固，汉中南郑（今陕西汉中）人，字子坚，东汉名臣。历任荆州刺史、泰山太守，政称天下第一。李固出仕之初，就以敢言直谏名闻天下。汉顺帝阳嘉二年（一三三年），地动山崩，灾异屡现，公卿举李固对策，皇上特诏问当世之弊及为政所宜，李固以天人感应劝谏顺帝，痛陈时弊，抨击宦官，反对滥封官爵。他建议罢黜宦官贵戚，政归三公九卿，令朝廷震动，被喻为北斗喉舌，从此展开反对外戚专权的斗争。他在大将军梁商府上任从事中郎时，曾直言相劝：『夫穷高则危，大满则溢，月盈则缺，日中则移……诚令王纲一整，道行忠立，明公踵伯成之高，全不朽之誉，岂与此外戚凡辈耽荣好位者同日而论哉！』永和二年（一三七年），南阳太守高赐贪赃枉法，李固上书揭发，高赐重金贿赂梁翼，梁翼千里行文急救，仍不避权贵严加追查，直至为立帝而以身殉国。李固刚正不阿、疾恶如仇的节操令后世感佩。

李固忠直秉大义　谷中良作

张纲埋轮扶正义

张纲，字文纪，东汉犍为武阳（今四川彭山东北）人。汉留侯张良七世孙。张纲自幼就懂得经书，有忠正的气节，顺帝时出任御史。汉安年间，朝廷派出杜乔、周举、周栩、冯羡、栾巴、郭遵、刘班、张纲等八名使者，前往各地考察吏治，人称『八俊』，其中张纲最为年轻官小。大家分头到各州县前往调查，有贤良的、贪污的，都把他们举发出来。杜乔等七人受命之后，就到指定的地方调查，独有张纲不去，并且把他坐的车轮埋在洛阳都亭的下面。他说：『州县官吏害人，还是小的事，朝廷里对百姓大害的正多着呢，我们应该先解决了大的，好像豺狼在道路上害人，还去问什么狐狸呢？』于是他就弹劾当时的权臣大将军梁冀和河南太守尹梁不疑等十五人作奸犯科的种种恶事。这份奏章上报皇帝后，京师的人都十分怕惧。后来，『张纲埋轮』这一典故，用来表示抨击权贵，无所畏惧。

张纲埋轮扶正义　谷中良作

范孟博大义别母

范滂，字孟博，汝南征羌（治今河南漯河市东南）人，东汉时期党人名士。汉灵帝建宁二年（一六九年），宦官专权，大诛党人。范滂被捕入狱后，他的老母亲来探望他，跟他诀别。母子相见，分外悲痛。范滂安慰老母：『我的仲博弟弟十分孝顺，他会好好供养您老人家的。儿子马上要跟从黄泉之下的父亲，我们母子俩都各得其所，恳请母亲千万不要过分悲伤！』范滂的老母亲深明大义，完全清楚儿子的所为和品性。她勉励儿子：『你能够与李膺、杜密这些以正直著称的官员齐名，死又有什么值得遗憾的?!』范滂聆听母亲对他的最后教诲，起来再次郑重地拜谢母亲。他对一道来探监的儿子说：『如今豺狼当道，坏人吃香，好人遭殃。我想教你作恶，可是恶却是千万不能作的！我想教你行善，可是我并没有做任何坏事，却落得如此下场！』后来范滂被权奸所害，年仅三十三岁。

范孟博大义别母　谷中良作

荀巨伯轻生重义

荀巨伯，东汉颍州（今属河南）人，生平不详，汉桓帝时的义士。荀巨伯从远方来探望重病的朋友，正好赶上胡贼攻打城池。朋友对巨伯说：『我如今就要死去了，你赶紧离开！』巨伯说：『我从远方来探望你，你却让我离开，为了苟且偷生而毁掉道义，这难道是我荀巨伯做的事吗？』这时胡贼已经到了，问荀巨伯：『大军到了，整个城都空了，你是什么人，竟敢独自留在城中？』巨伯说：『我的朋友身患重病，我不忍心舍弃他，我宁愿用我的性命来换取朋友的性命。』胡贼相互议论说：『我们这些不懂道义的人，却侵入了这么有仁义的国家！』于是调回外出打仗的军队，整个城都因此获救。荀巨伯在生死攸关的时刻，不背叛仁义与道德，获得他人甚至敌人的赏识与尊重。这一桩舍生取义的义举，不仅救了朋友的性命，更让敌军自惭而退，可见『义』及道德的强大感化力量。

荀巨伯轻生重义　谷中良作

卢子幹集义养气

卢植，字子幹。涿郡涿县（今河北涿州）人。东汉末年经学家、将领。卢植性格刚毅，师从太尉陈球、大儒马融等，为郑玄、管宁、华歆的同门师兄。白马将军公孙瓒，以及后来的蜀汉昭烈帝刘备皆为卢植之门下弟子。卢植学习儒家义理，倡导『集义养气』并身体力行。一八九年，汉灵帝刘宏驾崩，大将军何进掌控朝政，听信袁绍等人的建议，意图铲除宦官，甚至征召并州牧董卓进京，卢植知道董卓必为后患，竭力劝阻，而何进不听。同年八月，发生政变，何进被杀，董卓进京，掌控朝政。董卓意欲废黜少帝刘辩，拥立陈留王刘协为帝，便召文武百官商讨，当时无人敢言，只有卢植一人出来反对，董卓大怒，下令将卢植处死，蔡邕为其求情，而议郎彭伯也赶紧出来劝阻董卓说：『卢尚书是海内大儒，士人之望！如今若杀他，天下人都会震惊、失望。』董卓这才作罢，仅将卢植免职而已。

卢子幹集义养气　谷中良作

李曼成深明大义

李典，字曼成，东汉末山阳巨野（今山东巨野北）人。『典少好学，不乐兵事，乃就师读春秋左氏传，博观群书』。李典深明大义，从不与人争功，崇尚学习，尊重博学之士，眼界胸襟高人一等，在军中颇有美誉，官至破虏将军。建安十四年（二〇九年），李典与张辽、乐进在合肥驻扎，孙权指挥大军围攻合肥，张辽打算按照命令出城交战。乐进、李典、张辽平常都互不和睦，李典跟张辽关系尤其不好，当初吕布杀其叔父，张辽亦参与其中，张辽担心他们不同意。但李典慷慨激昂地对张辽说：『这是国家大事，要看你的计策是否好，（如果可行）我怎么能够因为私怨而不顾大局呢？』于是指挥部队与张辽一起击败了孙权。曹操知道之后，增加李典封地一百户，连同以前的封赏共计三百户。李典三十六岁时去世，魏文帝曹丕称帝后追谥其为愍侯。

李曼成深明大义　谷中良作

严颜断头拒降敌

严颜，东汉末年武将。初为刘璋部下，担任巴郡太守，镇江州。建安十七年（二一二年），刘璋慑于北方曹操和汉中张鲁的威胁，遣法正于荆州迎刘备入益州，严颜拊心叹息说：『这是独自坐在没有出路的深山里，放出老虎来护卫自己。』结果确如严颜所料，建安十八年，刘备与刘璋决裂，军师庞统中流矢身亡。张飞、诸葛亮、赵云等领荆州兵入川增援。大军到达江州，江州守将严颜据守不降，张飞将其攻破，占领江州，并生擒严颜，张飞对严颜大喝道：『大军到来，你怎么不投降，还敢与我大战？』严颜回道：『你们无理侵夺我们疆土，我们这里只有断头将军，没有投降将军！』张飞大怒，令牵下去斩首，严颜面不改色地大声说道：『斩首就斩首，你发的什么怒？』严颜拒降的豪气感动了张飞，张飞将其释放，并引为上宾。

严颜断头拒降敌　谷中良作

刘备仁义传天下

刘备，字玄德，东汉末年幽州涿郡涿县（今河北涿州）人，西汉中山靖王刘胜之后，三国时期蜀汉的建立者、政治家，庙号昭烈帝。刘备少年时拜卢植为师，而后参与镇压黄巾起义、讨伐董卓等活动，因为自身实力有限，刘备在诸侯混战过程中屡屡遭受失败，但因其始终坚持以仁义服人的行为准则，受到了名士的尊敬，致陶谦、刘表等放弃让自己的儿子继承基业，选择将领地徐州、荆州交给刘备统领。赤壁之战后，刘备拿下益州，建立了蜀汉政权。后因为关羽被东吴所害，刘备执意发动对吴国的战争，结果兵败夷陵，最终于章武三年（二二三年）病逝于白帝城，终年六十三岁。刘备一生坚持以仁义为本，弘毅宽厚，知人待士，百折不挠，其临死前举国托付给诸葛亮的义举，被陈寿赞为古今之盛轨。

刘备仁义传天下　谷中良作

关云长秉烛户外

关羽，字云长，河东解县（今山西临猗西南）人，是忠义和神武的化身。早年跟随刘备颠沛流离，辗转各地，和刘备、张飞情同兄弟。他『义不负心，忠不顾死』，兵败约三事降曹后，面对曹操与之的高官厚禄及百般恩宠、劝诱，他毫不动心。曹操想使关羽与二位嫂嫂共处一室，乱其意志，『关公乃秉烛立于户外，自夜达旦，毫无倦色』，表现了忠诚信义的人格。关羽在得到故主刘备的消息之后，不辞千里万里往投。而违反军令冒死于华容道『义释曹操』时，又表现出其知恩图报、义薄云天的民族传统美德。作为『神武』的化身，他『诛颜良，斩文丑』『千里走单骑』『过五关斩六将』，这些都为民众所津津乐道。关羽的忠义品行，受到后世敬仰，被后人顶礼膜拜，成王成帝成神成圣，其在民间的影响力可见一斑。

关云长秉烛户外　谷中良作

管宁分席拒事曹

管宁，字幼安，北海朱虚（今山东临朐东南）人，东汉末年至三国时期著名隐士。管宁和华歆同在园中锄草，同时看见地上有一片金，管宁依旧挥动着锄头，和看到瓦片、石头一样；华歆高兴地拾起金片而后又扔了它。曾经，他们同坐在一张席子上读书，有个人坐着有围棚的车、穿着礼服刚好从门前经过，管宁就像没看见一样继续读书，华歆却放下书出去观看。管宁就割断席子和华歆分开坐，说：『你不是我的朋友了。』汉末天下大乱时，与邴原及王烈等人至辽东避乱。在当地只谈经典而不问世事，并引来大量同是逃避战乱的人，管宁就开始讲解诗经、书经，谈祭礼、整治威仪、陈明礼让等教化工作，人们都很乐于接受他的教导。直到魏文帝黄初四年（二二三年），管宁才返回中原，辽东太守公孙恭亲自送别。此后，曹魏几代帝王数次征召，他都没有应命。

管宁分席拒事曹　谷中良作

崔季珪春秋大义

崔琰，字季珪，清河东武城（今河北故城）人。原为袁绍部下，袁绍死后，袁谭、袁尚争着要崔琰作为他们的部下，崔琰称病不出，结果被投入监狱，得到阴夔、陈琳的营救。曹操做了丞相以后，封崔琰为东曹掾，并对他说：『您有伯夷那样的风范，史鱼那样的正直，贪婪的人听到您的名字就会变得清廉，壮士听到您的名字就会更加勇武奋战，您可真称得上是时代的表率了。所以才封您做东曹掾。』崔琰为人由此可见一斑。曹操被封为魏公，欲立太子，让官吏们发表自己的看法。百官全都密封作答，只有崔琰一人公开答复，他说：『春秋说要立子以长，再说五官中郎将（指曹丕）仁孝聪明，应该让他继承您的大业。我崔琰就是死也要坚持原则。』当时曹操的爱子曹植是崔琰的侄女婿，众人都以为崔琰必然支持曹植，想不到他居然能够支持曹丕，曹操因此喟然叹息，封崔琰为中尉。

崔季珪春秋大义　谷中良作

嵇绍血溅衮龙服

嵇绍，字延祖。谯郡铚县（今安徽濉溪西南）人，西晋时期名臣、文学家。嵇绍的父亲嵇康，因得罪掌权的司马氏集团，于嵇绍十岁时遇害。嵇绍自幼知书达礼，侍奉他的母亲，极其孝顺。后来官至秘书丞、汝阴太守、侍中。永兴元年（三〇四年），嵇绍因天子流亡在外，接奉诏书驰往行驾住处。恰逢朝廷的军队在荡阴战败，晋惠帝脸部受伤，中三箭，百官及侍卫人员都纷纷溃逃，只有嵇绍庄重地端正冠带，挺身保卫天子，司马颖的军士把嵇绍按在马车前的直木上。晋惠帝说：『这是忠臣，不要杀他！』军士回答道：『奉皇太弟（司马颖）的命令，只是不伤害陛下一人而已！』说完便杀害了嵇绍，血溅到惠帝的衣服上，惠帝哀痛不已。等到战事平息，侍从要浣洗御衣，晋惠帝说：『这是嵇侍中的血，不要洗去。』嵇绍的忠义，受到后世的赞扬。

嵇绍血溅衮龙服　谷中良作

祖逖击楫誓中流

祖逖，字士稚，范阳遒县（今河北涞水）人，东晋名将。晋武帝太康十年（二九〇年），祖逖二十四岁，地方官府官员先后举荐他为孝廉、秀才，他都没有应召。之后，祖逖同刘琨一起担任司州主簿，两人意气相投，结成莫逆之交。据晋书·祖逖传中说，这年的一个冬夜，祖逖与刘琨共寝，半夜听到荒野雄鸡的鸣叫声，祖逖就把刘琨蹬醒说：『此非恶声也。』这种『闻鸡起舞』的奋发精神，一直激励着后来的有志之士。祖逖于晋愍帝建兴元年八月率部北伐，渡江北上。当船行至长江中流时，他眼望面前滚滚东去的江水，想到山河破碎和百姓涂炭的情景，想到困难的处境和壮志难酬的愤懑，豪气干云，热血涌动，敲着船楫朗声发誓『我如果不能扫清中原，得胜而归的话，就像江水一样有去无回！』表示了义无反顾的坚决态度，跟随他的人无不感慨激奋，斗志倍增。

祖逖击楫誓中流　谷中良作

周崎坚贞守义节

周崎，东晋邵陵人，曾任湘州从事。在王敦之乱时，他坚守义节，为魏乂侦所杀。王敦发动政变之时，谯王承派遣周崎去其他地方找救兵。不料周崎和周该一起，都被魏乂侦给抓住了。魏乂侦指责周崎向自己的敌人求救。周崎说：『谯王派我向外求援，没有特别指定地方，不过见机行事罢了。』魏乂侦又说：『你替我向城里喊话，就说大将军已经攻破了刘隗、戴若思的军队，甘卓驻守在襄阳，也扫清了障碍。三江沿岸的州郡都已经肃清，外援也全都击溃了。你这样说了，我就留你一条命。』周崎假装答应了。到了城下，周崎大呼说：『王敦的军队在于湖被打败了，甘安南也已经打进了武昌，马上就会派遣大部队前来救你们了，请务必努力坚守，贼人马上就会溃不成军！』魏乂侦恼羞成怒，将周崎杀害。

周崎坚贞守义节　谷中良作

于什门义不辱命

于什门，北魏代地人。北魏明元时担任谒者之职。皇帝派他去向北燕冯跋传旨。到了和龙，于什门驻扎在城外，派使者对冯跋说：『大魏皇帝有旨意，必须冯跋亲自出城接旨，然后我才敢入城。』于是，冯跋命令手下人绑着于什门逼着他进城。于什门见到冯跋立而不拜，冯跋命人按住他的脖子逼迫他行礼。于什门说：『冯跋按礼接旨，我自会用宾主之礼向你表达敬意，何须你苦苦逼迫我？』与冯跋来回争论几个回合，声音洪亮，不屈不挠。紧接着，于什门在人群之中扭转身子背对着冯跋，拔着裤子来羞辱冯跋。不久，于什门被关押起来，随身带的衣物也都破旧得没法穿了，虱子布满全身。冯跋送给于什门衣服，于什门拒绝接受。他出使北燕被囚，前后历时二十一年。冯跋的后人冯弘上表向朝廷称臣，才送于什门回朝。于什门义不辱节，坚贞不屈的品行堪比汉代的苏武。

于什门义不辱命　谷中良作

张进之散财济世

张进之，南北朝时期刘宋义士。张进之家很富有，遇到荒年，他散尽家财救济同乡同里的人，被他救活的人很多，他却因此变得穷困。有一位叫王味之的太守，因得罪朝中权贵受到诬陷，朝廷派人捉拿他，他不得已逃到张进之家，张进之诚心诚意地接待他。有一次，王味之跌进水里，沉了下去。张进之就跳到水里去营救，没想到两人都沉下去了，经过家人合力营救，才将两人救起。张进之的义举在世上广泛传扬。那个时候，由于社会动荡，盗贼遍地，抢掠的事情经常发生。可是强盗们到了张进之的门口，大家相约不进去抢掠。张进之因经常在危难时刻拯救灾民，用尽家里的财产，而变得生活贫穷，一般人很难做到。他能够帮助落难的朋友，长时间竭尽诚心，又是难上加难。他投水救友，舍弃自己的生命而换取仁义，最终免于一死，且因此而免于被抢掠财物的盗贼冲犯，是其信义所感。元嘉初，朝廷下诏蠲免其徭役。

张进之散财济世　谷中良作

皇甫绩守义求责

皇甫绩是隋朝有名的大臣。三岁丧父后，母亲带他回娘家住。皇甫绩就和表兄弟一起，在外公家的学堂里上学。外公对孙辈们的管教很严厉，立下规矩：谁要是无故完不成作业，就按照家法重打二十大板。有一天，皇甫绩因和几个表兄下棋没完成老师留的作业，外公按照规矩，决定重打每人二十大板。因皇甫绩年龄最小，就没忍心打他。皇甫绩看到表兄们都被重重责打，自己却没有受到一点儿处罚，心里很难过。他想，我和哥哥们犯了一样的错误，外公没有责罚我，但是我自己可不能原谅自己。于是，他就找到表兄们，要求他们代外公责打自己。他说：『你们都按规矩受罚了，我也不能例外。』表兄们都被皇甫绩这种诚心改过的精神感动，于是，就拿出戒尺打了皇甫绩二十下。后来，皇甫绩在朝廷里做了大官，但这种从小养成的信守诺言、勇于承认错误的品德却一直没丢，这使得他在文武百官中获得了很高的声望。

皇甫绩守义求责　谷中良作

秦叔宝匡扶正义

秦琼，字叔宝，齐州历城（今山东济南）人，唐初名将。秦琼最初是隋朝来护儿部将，后随裴仁基投降李密。李密失败后，投降王世充，因不满王之为人，于唐高祖武德二年（六一九年）同程知节等人一起投秦王李世民帐下。秦叔宝参加了李世民的历次征战，每战必先，常于万军之中取敌将首级。武德九年（六二六年），参与玄武门之变，事后被封为左武卫大将军。贞观十二年（六三八年），秦琼去世，追封徐州都督，陪葬昭陵。历史上的秦琼以义勇彪悍著称，著名的俗语『为朋友两肋插刀』就从秦叔宝救朋友的故事发展而来。当年，秦琼落草为寇，他染面涂须去登州冒充响马，路过两肋庄时，在岔道想起老母妻儿，犹豫片刻，一条路去汝南庄，一条路去登州，一条路回家，秦琼最终还是为朋友，视死如归地去了登州。两肋庄岔道，体现出秦琼的深重义气，被人们传为『两肋岔道，义气千秋』。

秦叔宝匡扶正义　谷中良作

魏徵正义谏君王

魏徵，字玄成，魏郡内黄（今河南内黄西北）人，祖籍巨鹿下曲阳（今河北晋州西），一说馆陶（今属河北）人，因直言进谏，辅佐唐太宗创建『贞观之治』的大业，被后人称为『一代名相』。魏徵其人颇有胆略，碰上太宗非常恼怒的时候，他依旧面不改色，太宗的神威也为他收敛。他曾经告假去祭扫祖墓，回来后，对太宗说：『人们都说陛下要临幸南山，外面都已严阵以待、整装完毕，而您最后又没去，不知为什么。』太宗笑着说：『起初确实有这个打算，后来害怕你来嗔怪，所以中途停止了。』有一次，太宗得到一只好鹞鹰，将它置于臂膀上，远远望见魏徵走过来，便藏在怀里。魏徵走近后站在太宗前上奏朝政大事，说了很久，故意不停下来，鹞鹰最后竟死在太宗的怀里。魏徵死后，太宗恸哭长叹，说：『以铜为镜，可以正衣冠；以古为镜，可以知兴替；以人为镜，可以明得失。魏徵没，朕亡一镜矣！』

魏徵正义谏君王　谷中良作

王义方义责权佞

王义方，字景贤，泗州涟水（今江苏涟水）人，唐代名臣、教育家，是开创海南学校教育第一人。王义方刚做御史的时候，脑子里都是国家大事，对于生活则常常忽略。有一次，王义方买了一座宅院，钱款已经交割完毕，几天后，指着院子中的两棵梧桐树对朋友惊呼：『我忘记付树的钱了。』马上付钱给宅子原主。他的朋友说：『大概是做御史的缘故，您不了解民间的交易，树是和宅子一起卖的，不需要另外付钱。』王义方说：『这可是两棵很好的树，怎么能和一般的树木一样？』显庆元年（六五六年），太子右庶子李义府逼令毕正义狱中自缢之事发生后，王义方准备弹劾李义府，害怕不能成功，左思右想了很久，说：『弹劾他从此可以扬名万代；闭口不言则能官运亨通。』经过一番思虑后，他毫不犹豫地弹劾了李义府，因为名誉终归比身份地位重要。

王义方义责权佞　谷中良作

狄仁杰愧对娄公

狄仁杰，字怀英，太原（今山西太原市西南）人。他颇有谋略，刚直不阿，对唐高宗、武则天等施政不当之处，即便违逆龙颜，也不避危险，多次进谏，前后匡复奏对数万言；他体恤民生，多次为民请命；他乐意推荐、拔擢贤才，许多他推荐的贤才，皆立下不世之功勋。娄师德曾推荐狄仁杰为宰相。狄仁杰对此丝毫不知，反而在拜相后多次排挤娄师德，使得娄师德最终被放为外任。武则天问狄仁杰道：『娄师德贤明吗？』狄仁杰道：『他担任将领谨慎守职，但是否贤明，我就不知道了。』武则天又问：『娄师德知人吗？』狄仁杰道：『臣曾与他同朝为官，从没听说过他知人。』武则天拿出娄师德举荐狄仁杰的奏章，道：『我用你为宰相，就是娄师德举荐的，看来他确实知人啊。』狄仁杰大惭，叹道：『娄公盛德，我被他宽容相待却不知道，我不及他太远了！』

狄仁杰愧对娄公　谷中良作

颜杲卿断舌骂贼

颜杲卿，字昕，京兆万年（今陕西西安）人，祖籍琅玡临沂（今山东临沂），唐朝中期名臣。天宝十四载（七五五年），安史之乱爆发。次年正月初八，史思明攻陷常山郡，颜杲卿、袁履谦被叛军俘获，送到洛阳。安禄山见了颜杲卿，当面斥责他说：『从前是我把你从范阳户曹任上奏请为判官，于是得以任光禄、太常二丞，便用你代理常山太守，我有什么事负你而令你背叛我？』颜杲卿怒目而视，对答道：『我家世代为唐朝大臣，永远信守忠义，即使得你奏请署官，难道还应跟着你反叛吗？况且你本是营州一个牧羊的羯族奴隶，因窃取皇帝的恩宠，才有今天，天子又有什么事有负于你而令你反叛朝廷呢？』安禄山非常愤怒，命人绑颜杲卿于柱子上，肢解并吃他的肉，颜杲卿骂不绝口，叛贼钩断了他的舌头，说：『看你还能骂吗？』颜杲卿在含糊不清的骂声中遇害，时年六十五岁。

颜杲卿断舌骂贼　谷中良作

张巡碎齿守睢阳

张巡，唐蒲州河东（今山西永济西）人，一说邓州南阳（今属河南）人，唐朝中期名臣。七五七年，安禄山之子安庆绪带着尹子琦率同罗、突厥等部族十几万人，杀奔睢阳。张巡与许远一起被俘。尹子琦对张巡说：『听说您督战时，大声呼喊，往往眼眶破裂血流满面，牙也咬碎，何至于这样呢？』张巡答道：『我要用正气消灭逆贼，只是力不从心而已。』尹子琦发怒，用刀撬开他的嘴，发现只剩三四颗牙齿。张巡骂着说：『我为君父而死，你投靠叛贼，乃是猪狗，怎能长久！』尹子琦佩服他的气节，想释放他。有人说：『他是谨守节义的人，怎肯为我所用？而且他得军心，不可留。』于是尹子琦以刀胁迫，张巡仍不屈服。尹子琦又逼南霁云投降。张巡呼叫：『南八，男儿一死而已，不能向不义的人投降！』南霁云笑着说：『您是了解我的，怎么敢不死！』张巡与姚门言、雷万春等三十六人一同遇害，终年四十九岁。

张巡碎齿守睢阳　谷中良作

段秀实义刺国贼

段秀实，字成公，陇州汧阳（今陕西千阳）人，唐代中期名将。建中四年（七八三年），泾原兵变，长安被叛臣朱泚占据，唐德宗逃往奉天。朱泚认为段秀实与自己都是被朝廷亏待的，应该会有共同语言，便派人传召段秀实，希望段秀实为他效力。段秀实严词拒绝，但朱泚并不死心，直接派人劫持了他。段秀实估计自己这次危险了，便对家人说：『国家有患，吾于何避之，当以死殉社稷；汝曹宜人自求生。』到了叛军中，段秀实与朱泚虚与委蛇，暗中与其他忠臣商议，计议诛杀朱泚，迎接德宗。不久，朱泚传召段秀实及其他人商议称帝事宜，段秀实突然站起来，夺去旁人的象牙朝笏，往朱泚的脸上吐口水、呵斥，并用朝笏击打朱泚。朱泚匍匐着逃走，段秀实则被围上前来的朱泚党羽杀害。唐德宗在奉天听到段秀实的死讯后，悔恨交加，下令追封段秀实为太尉，谥号『忠烈』。

段秀实义刺国贼　谷中良作

裴中立义助他人

裴度，字中立，河东闻喜（今山西闻喜东北）人，唐代中期杰出的政治家、文学家。唐宪宗时，有个新任命的湖州录事参军，到任前被强盗抢去了包括委任状在内的钱物等行李。无奈之下，参军只得在京城附近的旅店哭泣。一天，裴度便衣来到这家旅店，看到这位参军，详细询问其遭遇。参军说：『我在京城任职数年，被授予湖州一个官职，遇到强盗把我的东西抢走了。这还是小事，我的未婚妻被郡牧抢去，献给了宰相晋公裴度』。裴度说：『你未婚妻姓什么？』回答说：『姓某字黄娥。』裴度对他说：『我是裴度的亲信，会帮着你查访。』第二天傍晚，裴度就召见他，命令下属将箱子里的授官凭证交给参军，重新任命了他的官职。裴度又说：『黄娥立刻就可以还给你，同你一起去上任。』然后特意派人将他送回旅店，并给了他行李和一千贯钱。次日，参军便和未婚妻一起上任去了。

裴中立义助他人　谷中良作

郭子仪临危受命

郭子仪，华州郑县（今陕西华县）人，天宝十四载（七五五年），蓄谋已久的范阳节度使安禄山起兵造反后，『渔阳鼙鼓动地来，惊破霓裳羽衣曲』，十五万叛军如潮水般南下，很快攻占了东都洛阳，安禄山自称大燕皇帝，承平日久的朝廷陷入了一片惊恐之中。郭子仪临危受命，成为朔方（今宁夏灵武西南）节度使，与训练有素的叛军展开了艰苦卓绝的较量，陆续收复了云中（今山西大同）、马邑（今山西朔县东北），又与河东节度使李光弼合兵，收复常山郡的九个县城，严重威胁了安史叛军的归路。在平定安史之乱的战争中，郭子仪指挥或参与指挥了攻克河北诸郡之战、收复两京之战、邺城之战等重大战事。安史之乱后，他计退吐蕃，二复长安；说服回纥，再败吐蕃；威服叛将，平定河东。他戎马一生，功勋卓著。史书称他『再造王室，勋高一代』，『以身为天下安危者二十年』。

郭子仪临危受命　谷中良作

李光弼义勇平叛

李光弼，营州柳城（今辽宁朝阳）人，契丹族，唐代中期名将。李光弼自幼为人严肃、深沉而刚毅，擅长骑射，喜读汉书，治军极严，兼有谋略。他少年即入军旅，任左卫亲府左郎将。李光弼为父守丧时，严遵礼法，之后任左清道率兼安北都护。七五五年，安史之乱爆发后，李光弼率领朔方军五千收复常山，当地团练兵将自己的将领史思义绑来投降。李光弼从大义出发，善待史思义，亲自为其松绑，使他真心归顺，供出叛军动向。次日，史思明率二万骑兵直压常山城下，李光弼接受史思义『按军入守』、以逸待劳的策略，守城不出，分属下兵马为四部，以劲弩五百连番射敌，叛军死伤惨重，只得退兵。当叛军在野外吃饭时，李光弼派轻骑数千，突然袭击，一举消灭叛军五千，收复常山。河北十余郡闻讯，纷纷重新归顺了唐军。

李光弼义勇平叛　谷中良作

许远与城共存亡

许远，字令威，唐杭州盐官（今浙江海宁西南）人。唐开元末年进士，曾入剑南节度使府为从事，因忤节度使章仇兼琼，被贬为高要尉。天宝十四载（七五五年），安禄山叛乱，唐玄宗召其为睢阳太守。至德二年（七五七年）正月，遭安庆绪部尹子琦合兵十余万围攻，他与真源令张巡以数千兵卒协力固守睢阳。坚持至十月，粮尽，罗雀掘鼠充饥。终因外援不至，城破被执，送至洛阳，在安庆绪兵败渡河北走时，遭杀害。韩愈评论说：『守一城，捍天下，以千百就尽之卒，战百万日滋之师，蔽遮江淮，阻遏其势，天下之不亡，其谁之功也？』后诏赠荆州大都督，图像于凌烟阁，并救建双忠庙于睢阳，岁时致祭。家乡盐官县城中亦建双忠庙以奉祀。宋代王安石、文天祥均有题诗，庙中并有『国士无双双国士，忠臣不二二忠臣』名联传诵于世。其墓在伊桥杨园埭，俗称『许公墩』。其读书处在泗水亭，相传至今。

许远与城共存亡　谷中良作

颜真卿古稀就义

颜真卿，字清臣，别号应方，京兆万年（今陕西西安）人，祖籍琅玡临沂（今山东临沂）。唐朝名臣、书法家。建中四年（七八三年），叛乱的淮西节度使李希烈攻陷汝州。卢杞建议派颜真卿前往李希烈军中，传达朝廷旨意，唐德宗李适同意。颜真卿到后，李希烈逼他写信给朝廷，来洗刷自己的罪行，颜真卿不听，李希烈就借他的名义派他的侄子颜岘与几个随从到朝廷继续请求，李适没有答复。颜真卿每次给儿子写信，只告诫他们严谨地敬奉祖宗，抚养孤儿，从未有其他的话。李希烈派人来劝说他，颜真卿斥责说：『你们听说颜常山没有？那是我的兄长，安禄山反叛时，首先起义兵抵抗，后来即使被俘了，也不住口地骂叛贼。我将近八十岁了，官做到太师，我至死保持我的名节，怎么会屈服于你们的胁迫！』众人面尽失色。颜真卿最终被李希烈逮捕，并缢杀，享年七十七岁。

颜真卿古稀就义　谷中良作

有方卖马葬生人

廖有方，唐代交州义士。唐宪宗年间，落第举子廖有方离开京城，前往四川游历散心，途经宝鸡时住进一家旅店。当他走进店内时，听到有人凄惨呻吟，于是循声走到隔壁的房间，看到一个奄奄一息的书生，问其家住何处，那个书生勉强地说：『我辛辛苦苦进京考试，一连几次都没有考中。现在我快不行了，临死前我有一事相求。希望把我的残骸，托付给您！』尽管只是一面之交，而且自己囊中无余钱，但廖有方还是决定满足死者遗愿，他把自己所骑的马卖掉，备办棺材，将那位穷困潦倒、命运悲惨的末路书生收殓下葬。并为此作了首题旅榇的诗悼念书生：『嗟君没世委空囊，几度劳心翰墨场。半面为君申一恸，不知何处是家乡。』这一义举很快传到了朝廷，满朝文武大臣都感佩廖有方的大义之举。于是，这个没有功名的普通秀才，受到满朝臣子的联名推荐。

有方卖马葬生人　冉笑作

刘温叟不取分文

刘温叟，河南洛阳人，五代至北宋初年官员，著名的廉吏。刘温叟七岁时便能写文章，擅长楷书、隶书。他的父亲刘岳退居洛中时，对家人说：『我的儿子风骨秀异，不能预知的只是寿命长短罢了。当今世道混乱，他能够与我都成为温、洛之间的老叟我就知足啦。』于是给他取名『温叟』。刘温叟以德义传家，受到当时人们的推崇敬服。他任御史中承时，家境十分清贫。那时，赵光义被封为晋王，担任京城行政长官。他听说刘温叟清正耿直，便馈赠给他一笔巨款。刘温叟恭恭敬敬地接受下来，然后用一口大柜把这笔赠款封起来放在了御史台官署的西廊。有人问他为什么收下赵光义的赠款却又分文不取时，刘温叟说：『晋王身为京城长官，他的哥哥是当朝天子，如果我拒绝他的馈赠，那就失敬了；我正任御史之职，若是收下赠款还私自动用，又怎么做到清正廉洁呢？』

刘温叟不取分文　冉笑作

杨继业义烈死节

杨业，又名继业，麟州（治今陕西神木西北）人，北宋初名将。杨业善于骑射，喜好打猎；忠烈武勇，非常有智谋。北汉建立初期，他追随刘崇，任保卫指挥使，以骁勇闻名远近。后来升任建雄军节度使，守卫北方，屡次立下战功，号称『无敌』。雍熙三年（九八六年），宋太宗决定北伐辽国，收复燕云十六州。由潘美任西路军主将、杨业为副主将的大军举旗北伐，接连收复了云州、应州、寰州、朔州。然而不久，东路军落败，各路大军都被撤回。杨继业奉命护送四州百姓撤退，路上遇到契丹大军。他建议设伏固守，却遭主帅潘美和监军王侁威逼，毅然带兵出征。杨业明知不敌，仍孤军奋战，最后重伤被俘，绝食而死。他的事迹逐渐演化为故事『杨家将』广为流传，凝聚在故事中的前仆后继、忠心报国的伟大的爱国主义精神，也激励着历代中华儿女为国家和民族奋斗不息，矢志不渝。

杨继业义烈死节　冉文纪作

王子明无私义荐

王旦，字子明，太平兴国进士，北宋大名莘县（今属山东）人，景德三年（一〇〇六年）拜相。寇凖，太平兴国进士，华州下邽（今陕西渭南北）人，景德元年拜相，天禧四年（一〇二〇年）封莱国公。王旦鲜为人知，寇凖却声名赫赫。王旦待人宽厚，处事得体；寇凖的胆略和才干不凡，但独断自任，欠宽宏。王旦高居相位十多年，寇凖虽早两年登相，却几起几落。王旦任宰相后不久，寇凖私下请托，想当使相。王旦吃惊地说：『将相之任，怎么可以自己要求呢？我不接受私人的请求。』不久，寇凖被任命为武胜军节度使、同中书门下平章事。王旦虽然拒绝了寇凖的私请，但以公而论，却认为寇凖有做宰相的资格而举荐了他。王旦病重后，真宗询问他『天下事』的可托之人。王旦再次郑重推荐了寇凖。真宗认为寇凖性情刚愎，让王旦再提他人，王旦却坚持自己的看法。王旦死后，真宗再次任用寇凖为相。

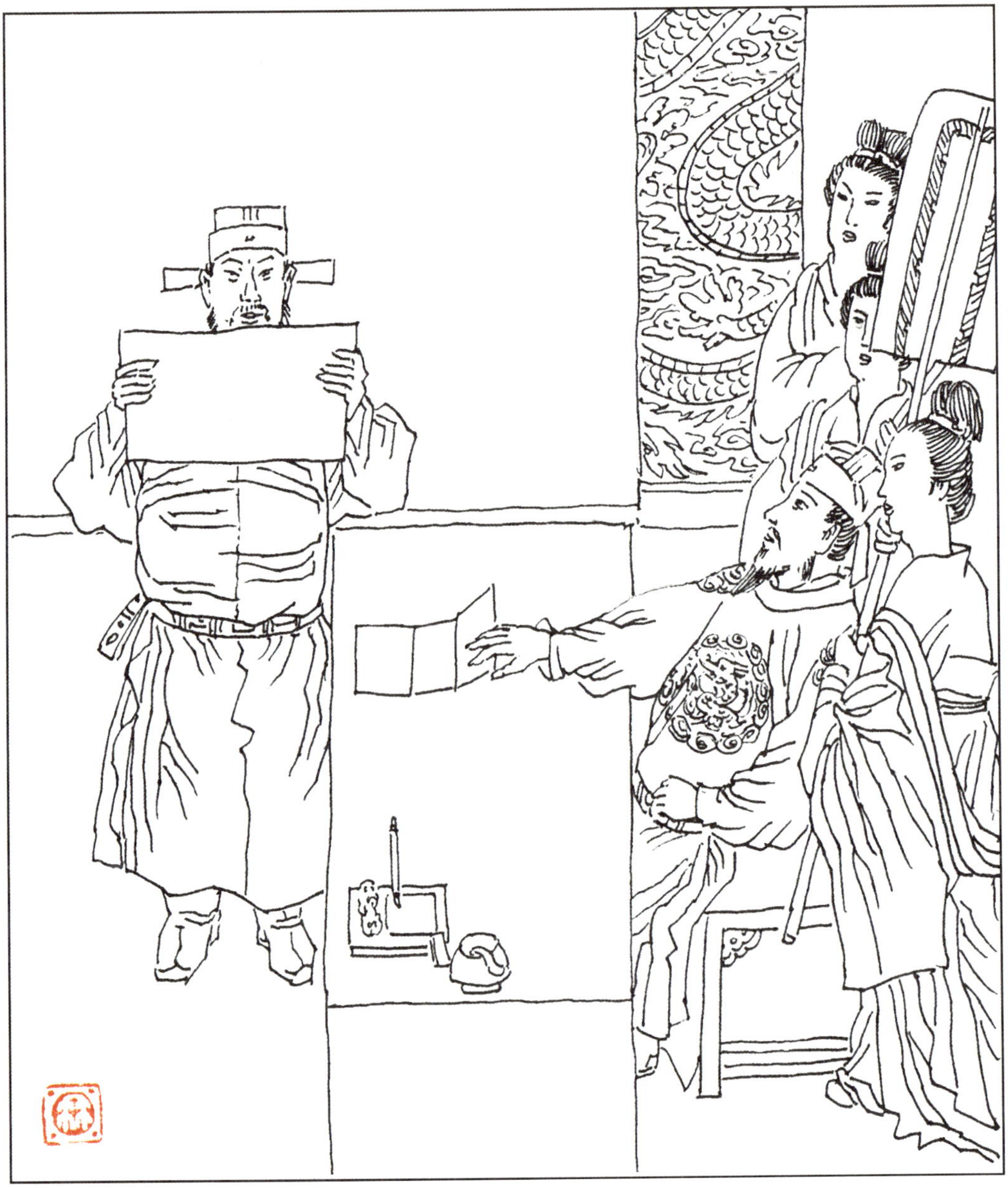

王子明无私义荐　冉笑作

包龙图秉公执法

包拯，字希仁，天圣进士，北宋庐州合肥（今属安徽）人，曾任监察御史、天章阁待制、龙图阁直学士，官至枢密副使，世称『包待制』『包龙图』。为官刚正，断讼明敏，执法严峻。包拯自幼父母双亡，全靠兄嫂抚养成人，供养读书，后科举中第，步入仕途。兄嫂唯一的儿子包勉作为地方官，利用职务便利，贪赃枉法，后被人举报。作为监察御史的包拯，亲自审理此案，查明真相后，下令处死了自己唯一的亲侄子包勉。临行刑时，面对嫂子的责骂，包拯表明自己不是『忘恩负义』的小人，而是因为职责所在，『王子犯法，与庶民同罪』，他只能严格执法。为了解除嫂子的后顾之忧，包拯跪地直呼『嫂娘』，愿代替侄子为嫂子『养老送终』。嫂子见包拯跪在自己面前，肺腑之言句句合情在理，为黎民百姓不徇私情，堪称国之栋梁。嫂子也是深明大义之人，忙将包拯扶起，原谅了他。

包龙图秉公执法　冉文纪作

岳鹏举大义报国

岳飞，字鹏举，相州汤阴（今属河南）人，南宋初抗金名将。岳飞出生后，父母给他取名字的时候，一群大雁飞过天空，父母高兴地说：『好，就叫岳飞。愿吾儿像这群大雁，飞得又高又远。』岳飞从小受母亲严教，性格倔强，为人刚直。岳飞十五六岁时，北方的金人南侵，宋朝当权者腐败无能，国家处在生死存亡的关头。一天，母亲把他叫到跟前，问：『国难当头，你怎么打算？』岳飞答：『到前线杀敌，精忠报国！』岳飞的母亲十分满意，『精忠报国』正是对儿子的希望，她决定把这四个字刺在儿子的背上，让他永远记着自己的誓言。岳母问：『你怕疼吗？』岳飞说：『小小钢针算不了什么，如果连针都怕，怎么去前线打仗！』岳母刺完字之后，又涂上醋墨。从此，『精忠报国』四个字就永远留在了岳飞的后背上。岳飞以『精忠报国』为座右铭，英勇杀敌，立下赫赫战功，成为抗金名将。

岳鹏举大义报国　冉笑作

陆九渊不负义门

陆九渊，抚州金溪（今属江西）人，南宋哲学家、教育家。金溪陆氏，享誉『义门』。在烽烟四起、人心浮动的南宋，能得到『义门』殊荣，实在难能可贵。陆九渊就在这样的家庭中出生、成长。陆九渊六岁的时候，父亲陆贺特许他『侍亲会嘉礼』。凡是家族办事，准许他跟大人一样，接待亲朋好友，这种『殊荣』在『陆氏义门』亦是特例。有一回，家里办喜事，父亲让陆九渊穿上华衣去会宾客，而陆九渊死活不肯。他的哥哥陆九龄就用礼经上的话来劝他：『在任何时候、任何事情上，都不能走向极端。』陆九渊这才勉强穿上了新衣。同龄的孩子一般都是争着吵着要穿好的衣服，那么，陆九渊为什么反常呢？原来，家里的大人很少穿华衣，陆九渊早熟，从小就懂得生活的艰辛，他一直把自己当成大人，所以拒绝穿华衣。陆九渊以自己的行动维护了『义门』的荣耀。

陆九渊不负义门　冉文纪作

虞允文千古一人

虞允文，隆州仁寿（今属四川）人，南宋大臣。绍兴三十一年（一一六一年），金海陵王完颜亮率金军主力越过淮河，进犯长江。两淮前线宋军溃败，金军如入无人之境。时任督视江淮军马府参谋军事的虞允文被派往采石（今属安徽马鞍山）犒师，正值金海陵王大军谋由采石渡江。形势危急，虞允文毅然迅速组织起散处沿江、无人统辖的军队，赢得了采石大捷，挫败了金军渡江南侵的计划。金海陵王移兵扬州，虞允文又赶赴镇江府（今江苏镇江）阻截。金军北撤，虞允文在朝野上下获得了极高的声誉。乾道三年（一一六七年），虞允文被召为参知政事兼知枢密院事，后接替吴璘出任四川宣抚使兼知枢密院事；五年，拜右仆射同中书门下平章事兼枢密使；八年秋，再度赴四川总理军政事务，后病死。宋孝宗在虞允文死后失去了收复中原的斗志，但虞允文的报国事迹却流传下来，被广为传颂。

虞允文千古一人　冉文纪作

王子野重情重义

王质，字子野，大名莘县（今属山东）人，北宋官员。北宋的范仲淹因主张改革，惹怒了朝廷，被贬去饶州。范仲淹离京赴任时，一些平日与他交好的官员，因害怕得罪宰相，竟然没有一个人前来送行，与他饯别。而待制王质则不然，听说范仲淹离任的消息时，他正重病在家，闻讯立即抱病前去，大摇大摆地一直将范仲淹送到城门外。有个大臣斥责王质，说：『你啊，本是个有道德的人，为什么要自己堕落成朋党，授人以柄呢？』王质回答说：『范先生是天下最有贤德的人，我王质怎么敢奢望与他结为朋党？如果真的能和范先生成为朋党，那真是范先生厚待我了啊！』听到这句话之后，斥责他的那个人脸色都变了，可是王质依然非常从容。王质刚正不阿、重情重义，实在难能可贵。

王子野重情重义　冉文纪作

辛弃疾忠义抗金

辛弃疾，字幼安，号稼轩，历城（今山东济南）人，南宋著名词人，一生主张抗金。南宋末年，正值青春年华的辛弃疾，望着祖国四分五裂的河山，毅然投笔从戎。他征战沙场，视死如归，成为一位具有军事才能的将军。二十三岁时，他率极少兵士奇袭五万金军大营，不仅自己平安归来，还活捉了叛徒，策反了被迫投降的几万人。此举『壮声英概，儒士为之兴起，圣天子一见三叹息』。辛弃疾希望救民于水火，但仅凭他一己之力，始终无法改变朝廷腐败与金兵入侵这样残酷的事实。痛心疾首之时，辛弃疾只能将悲伤倾诉和发泄在文字当中。他的词慷慨悲壮，笔力雄厚，大都抒发了力图恢复国家统一的爱国热情、倾诉壮志难酬的悲愤及对当时的执政者屈辱求和的谴责。

辛弃疾忠义抗金　冉文纪作

张世杰誓死不降

张世杰，范阳（今河北涿州）人，南宋末年的抗元名将。南宋少帝祥兴二年（一二七九年），元军主帅张弘范的军队到达了崖山，有人对张世杰说：『北面方向的士兵如果用水军堵住了海口，就没办法进退了，我们为什么不在他们之前占据海口呢？如果侥幸取胜，这是国家的福分。如果不能取胜，我们还可以向西撤退。』张世杰担心长期待在海上会军心涣散，就说：『多年航行在海上，到底什么时候才是个头儿呢？现在应该做的是和敌人一决雌雄。』于是，他烧毁了皇帝临时驻地的集市，把一千多艘大船联结在一起，做成了水寨。正因为如此，大家都感到了形势的危急。张世杰率军坚持和元军战斗。张弘范收买了张世杰的外甥，三次前去招降，张世杰义正词严地说：『投降是可以得到荣华富贵，但我为皇帝而死的志向决不动摇。』二月二十日，张弘范攻打崖山，张世杰战败，率军突围，遇飓风翻船溺亡。

张世杰誓死不降　冉文纪作

文天祥慷慨就义

文天祥，吉州庐陵（今江西吉安）人，南宋大臣、文学家，民族英雄。文天祥本来是个文官，可为了保卫国家，他勇敢地走上了战场。那时，元朝派出大军，要消灭南宋，文天祥听到消息，拿出自己的家产，招募起三万壮士，组成义军，抗元救国。有人说：『元军人那么多，你这么点儿人怎么抵挡，不是以卵击石吗？』文天祥说：『国家有难而无人解救，是我最心疼的事。虽然力量单薄，我也要奋力一搏，为国尽力！』后来，南宋统治者投降了元军，文天祥依然坚持抗元。他对大家说：『救国如救父母。父母有病，即使难以医治，儿子也要全力抢救啊！』不久，文天祥兵败被俘，他拒绝了元朝的多次劝降，慷慨就义。千古名句『人生自古谁无死，留取丹心照汗青』是文天祥慷慨赴死的爱国热情和舍生取义的人生观见证，是中华民族传统美德的崇高表现，光照千秋。

文天祥慷慨就义　冉文纪作

木华黎忠义护主

木华黎，札剌儿氏，成吉思汗时大将，战功卓著。木华黎沉毅多智，弯弓射箭的本领远近闻名。他继承父亲遗志，忠心耿耿地保护成吉思汗。有一次，成吉思汗领兵作战，准备扎营休息时天空飘起了鹅毛大雪。因军情紧急，连夜赶路，很多物资都被丢在了路上。别说休息的牙帐，就连遮挡大雪的普通帐篷也很难搭建起来。木华黎灵机一动，找来一块较大的裘皮毯子，与博尔术一起展开、撑起，为成吉思汗遮风挡雪。成吉思汗醒来时发现木华黎半个身子陷在雪堆里，已经变成了雪人。还有一次，成吉思汗率领三十多个骑兵行进在溪谷中，突遇敌兵从密林中杀出来，一时箭如雨下。木华黎一面指挥侍卫将成吉思汗团团护住，一面勒马站在队伍的最前头，从背后取出大弓，连发三箭，连中三人。敌军大骇，纷纷退回树林里。见木华黎守在面前，一动都不敢动，眼睁睁地看着成吉思汗走远了。

木华黎忠义护主　冉文纪作

囊家真深明大义

囊家真，元朝公主，元世祖忽必烈的女儿。囊家真曾先后三次下嫁给为元朝统一立下汗马功劳又先后为国捐躯的蒙古贵族，为国土完整和国家的长治久安做出了重要贡献。囊家真的第一任丈夫斡罗陈，曾和叔父纳陈万户跟随忽必烈北伐，纳陈万户阵亡后，斡罗陈袭叔父之位为万户侯，并娶太祖成吉思汗孙女鲁国长公主完泽为妻。完泽不幸早亡，斡罗陈极为悲恸。世祖忽必烈为安抚功臣斡罗陈，遂将贤良美丽的爱女囊家真公主嫁其为妻。囊家真与斡罗陈同在上都建设城邑，很快把此城建设为保卫上都的重镇。之后，囊家真公主偕夫斡罗陈觐见元世祖，奏请元世祖赐地营建新城，以做保卫上都和中都的要镇。世祖准奏，并命名所建新城为应昌府，后来应昌府发展成为巩固元朝北部边陲的重要防御基地。囊家真公主毕生致力于元朝定土安邦，先后支持三位丈夫为国效忠，她的英名永留史册。

囊家真深明大义　冉文纪作

于谦大义保京城

于谦，浙江钱塘（治今杭州）人，从小志向远大，决心以宋朝的文天祥为榜样。后来他考中进士，踏上了仕途。一四四九年，蒙古族瓦剌部入侵，明军在土木堡惨败，亲征的明英宗被俘，明王朝危在旦夕。于谦临危受命，担任兵部尚书。他坚决反对一些大臣主张的南迁，领导京城十万军民进行了英勇顽强的京城保卫战，打退了敌军无数次进攻，最终大获全胜，在明朝历史上写下了壮烈辉煌的一页。后来徐有贞和石亨勾结宦官，逼明代宗退位，拥戴明英宗复位。明英宗对于谦在他流亡期间帮助明代宗称帝也窝着一肚子火，听信徐有贞和石亨挑唆，竟不顾于谦为保卫明朝立下的大功，给他定了一个莫须有的罪名，将他罢官杀死。

于谦大义保京城　冉文纪作

孙奇逢义救三友

孙奇逢，容城三贤之一，明朝万历年间的举人。史载『先生少年慷慨有大志』，早年曾在京求遇明主，报效国家，结交了左光斗、魏大中及周顺昌为好友，臧否人物，高评时事。天启年间，左光斗等惨遭魏忠贤陷害，他污蔑左光斗等人贪腐，要『严期追掠』，否则『格杀勿论』。孙奇逢听说后，找出自家存银，变卖家产，还冒着酷暑，骑着毛驴，挨家挨户去筹钱，募得『数百余金』。孙奇逢只一两天，凑齐五千金救命钱，『赍送都门』。可是在孙奇逢交款之前，魏大中『已毙杖下矣』！孙奇逢又赶紧给左光斗筹款，『约乡民凡十三场子，亩捐一文，可得数十万缗』。『于是输者云集，数日之内，义凑数百』，马不停蹄，星夜赶京城。但『甫送至，而佥院亦毙杖下』！一年以后，周顺昌又被魏忠贤诬陷治罪，孙奇逢再一次为好友筹钱，结果还是没能救出，但他义救三友的事迹广为传颂。

孙奇逢义救三友　冉文纪作

戚继光英勇抗倭

戚继光，明代著名抗倭将领、民族英雄，山东登州（治今蓬莱）人。嘉靖三十四年（一五五五年）调浙江，任参将，积极抗御倭寇。鉴于卫所军有不习战阵的弱点，他恳请获准后亲赴义乌招募农民和矿工，组织训练一支三千多人的新军。他治军有方，教育将士要杀贼保民，严格进行军事训练。新军将士英勇善战，屡立战功，被誉为『戚家军』。嘉靖四十年，倭寇焚掠浙东，他率军在龙山大败倭寇。继之在台州地，扫平浙东。次年率六千精兵援闽，捣破倭寇在横屿（今福建福安南）的老巢。嘉靖四十二年再援福建，升总兵官，与刘显、俞大猷分三路进攻平海卫（兴化城东），『斩级二千二百』。次年春，相继败倭于仙游城下，福建倭患遂平。嘉靖四十四年又与俞大猷会师，歼灭广东的倭寇，东南沿海倭患完全解除。

戚继光英勇抗倭　冉文纪作

徐泰不取不义财

徐泰，明代博野义士。明弘治年间，一个举子进京赶考，途经博野县东南的南林里村。举子向该村农民徐泰讨水喝，之后继续赶路。举子走后，徐泰发现树底下有一个布袋，装着纹银三百两。于是，他守在井旁等待，可直到傍晚，仍不见举子返回，便把银袋埋到井边水池底下，等待来日再还。两个月后，举子因未考中进士返乡，途经此地，徐泰拿了铁锹，到井边把水池挖开，从底下取出来一个袋子，还给举子，三百两银子分毫不差。举子十分感动，非要拿出一部分酬谢徐泰。徐泰坚决谢绝：“我们庄稼人虽穷，但也绝不收不属于自己的钱财。”这位举子也并非平常人，他是居住河南的潞王之子。回到府上，向潞王说了路上丢失银子复得的事。潞王听后十分感动，立即奏请皇帝给予徐泰褒奖。皇帝见到奏折后，对徐泰的行为颇为赞赏，破例封其官职，并把他埋银子的井封为“还金井”。

徐恭不取不义财　冉文纪作

九义士不忘祖国

明末清初之际，为清兵所掳获的明朝内地人士王以文、冯三仕、黄功、王美承、裴三生、杨福吉、王文祥、郑先甲、柳溪山等九人先后被送到沈阳或北京，为充当人质而居留中国的朝鲜质子服役。顺治二年（一六四五年）春，清廷释放朝鲜质子归国，这九人不屈服于清朝的统治，毅然随同质子到达朝鲜。他们定居朝鲜后，不接受朝鲜官职，始终保持明朝臣民的气节，因此被称为『九义士』。其后世子孙继承他们忠于明朝的传统，特别是仍然沿用明朝的年号，这的确是一个奇迹。这些身居韩国的明朝遗民的后裔，彼此团结一心，发扬艰苦卓绝的精神，世世代代坚持不渝，为世人所钦慕，称其为『九义士子孙』。

九义士不忘祖国　冉笑作

孙承宗古稀出征

孙承宗，保定高阳（今属河北）人。他十七岁时就中了秀才，直到三十二岁才中举人，四十二岁才中进士，可谓大器晚成。孙承宗五十七岁当上太子朱常洛的老师，后又给天启皇帝当老师。天启皇帝非常敬重孙承宗，加封其为太子太保。在明朝与后金作战连续失利、边境告急的危急时刻，孙承宗不顾年近古稀，担任蓟辽督师，统领明军与敌作战。他虽然没有带过兵、打过仗，但是熟读兵法，上任后立即整饬军队，招募精兵强将，部署边境防务。他还大胆选拔重用了袁崇焕、满桂、赵率教等忠心耿耿又很有才华的将领。经过四年的苦心经营，孙承宗招募训练了十几万军队，收复了四百多里失地，修筑四十多座城堡，安置了几十万战争难民，还迫使努尔哈赤后退了七百里，营造了一条令后金军队望而生畏的关宁防线。但是，他却遭到宦官魏忠贤的陷害，告老还乡。最后在七十六岁高龄时，清军攻陷高阳县城，孙承宗壮烈殉国。

孙承宗古稀出征　冉文纪作

史可法血洒扬州

史可法，明末著名抗清将领。崇祯帝煤山上吊自杀后，南京立福王朱由崧做皇帝，就是弘光帝，史称『南明』。凤阳总督马士英和一批魏忠贤的余党操纵了南明政权。弘光帝和马士英根本没想抵抗清兵，过起了荒淫作乐的生活。南明政权的兵部尚书史可法，在弘光帝即位以后，主动要求到前方去统率军队。史可法做了督师，以身作则，跟士兵同甘共苦，受到将士们的爱戴。清军到了扬州城下，连派五人劝降史可法都被拒绝。清军包围扬州城，并日夜轮番攻城。扬州军民奋勇作战，把清兵的进攻一次次打了回去。清军下了狠心，开始用大炮攻城。他们探听到西门防守最严，又是史可法亲自防守，就下令炮手专向西北角轰击。炮弹一颗颗在西门口落下来，城墙被轰开了缺口，渐渐塌下。史可法怕伤到别人，就高声对清兵说：『我就是史督师，你们杀了我吧！』一六四五年四月，扬州城陷落，史可法壮烈殉国。

史可法血洒扬州　冉文纪作

张德挥斧砍倭首

张德，明代松溪义士。嘉靖四十一年（一五六三年），一伙倭寇打到松溪县城。县令听信奸人之言，奴颜婢膝地写信向倭寇求和。倭寇要求在一周内献上白银万两，骏马二百匹，否则血洗松溪县城。松溪人民拿起了菜刀棍棒，誓死保卫家园，最终击退了倭寇。次年元月，倭寇再次突袭松溪城。危急时刻，挑夫张德挥舞着大斧奋不顾身地冲向倭寇，一斧头下去，就将登上城楼的倭寇头目脑袋砍开了花。看到倭寇头目被杀，松溪城内的军民士气大振，一阵拼杀，硬是将登上城楼的那股倭寇全部消灭。第三天，砍死倭寇头目的张德中了倭寇流弹袭击，英勇就义。松溪军民在义士精神鼓舞下，乘胜追击，把倭寇彻底驱离了县境。万历元年（一五七三年），时任建宁府推官的郭子章泼墨写下传世之作张德传。明朝万历三十二年进士、万历朝重臣魏濬更有评价：『是役也，摧锋却敌则义士张德……张公一斧，合城老少得保其首领，厥功懋矣！』

张德挥斧砍倭首　冉文纪作

五义士义护市民

周文元，明朝大臣周顺昌的轿夫，发动苏州百姓奋起反对阉党、逮捕周顺昌的义士之一。明熹宗天启年间，宦官魏忠贤权倾天下，一大批朝官依附其权势，形成了明朝以来最大的阉党集团。当时，整个社会都处于阉党的黑暗统治之下，社会风气日益败坏，东林党人为了反对宦官专权，同阉党进行了残酷的党争。天启六年（一六二七年），魏忠贤派锦衣卫到苏州逮捕东林党人。为保护居官清正的七君子之一、东林党人周顺昌，苏州城乡数万人不期群集，鸣冤疏救，至午不起。锦衣卫持械大打出手，引起众怒，遂蜂拥奋击。市民颜佩韦、杨念如、马杰、沈杨、周文元等五人为保护当地群众，挺身而出，英勇就义。崇祯继位后，罢黜魏忠贤，周顺昌得以昭雪。为了纪念死去的五位义士，苏州人民把他们合葬在城外虎丘山前面山塘河大堤上，称为『五人之墓』。复社领袖张溥撰写了五人墓碑记，成为一时传颂的名篇。

五义士义护市民　冉文纪作

郑成功收复台湾

郑成功，福建南安人，明清之际收复台湾的名将。一六二四年，荷兰殖民主义者侵占中国台湾，郑成功下决心赶走侵略军。清朝顺治十八年（一六六一年）三月，郑成功亲率二万五千名兵将，分乘百艘战船，从金门出发。他们冒着风浪，越过台湾海峡，在澎湖休整几天准备直取台湾。荷兰侵略军听说郑成功要进攻台湾，十分惊恐。他们把军队集中在台湾（今台湾东平地区）、赤嵌（今台南市西安平）两座城堡，还在港口沉破船阻止郑成功船队登岸。郑军乘海水涨潮将船队驶进鹿耳门内海，主力从禾寮港（今台南境）登陆，从侧背进攻赤嵌城，并切断了其与台湾城的联系。六十多只战船一齐发炮，击沉荷兰战船『赫克托』，击溃了台湾城的援军，赤嵌的荷兰军被迫投降。盘踞台湾城的侵略军负隅顽抗。郑成功在该城周围修筑土台，围困敌军八个月之后，下令向台湾城发起强攻，并一举成功，从荷兰侵略者手里收复了沦陷三十八年的中国领土台湾。

郑成功收复台湾　冉文纪作

林则徐销烟明志

林则徐，福建侯官（今福建福州）人，清代著名政治家、思想家。十九世纪初，英国对华鸦片贸易给我国带来严重危害。林则徐从民族大义出发，上书皇帝，建议禁烟。之后，道光十八年（一八三九年）他被任命为钦差大臣赴广州督办禁烟。到广州后，他立即宣称，若鸦片一日未绝，本大臣一日不回，誓与此事相始终，断无中止之理。经过坚决斗争，他迫使英国烟商交出鸦片。一八三九年六月三日，林则徐在广州虎门公开销烟。各级官员、外国客商、中外媒体人士和成千上万的民众都赶来观看。当士兵把鸦片倒入销烟池，池内热气蒸腾，现场也一片欢呼。先后销毁鸦片二百多万斤。虎门销烟从一定程度上遏制了鸦片在中国的泛滥，增强了中国广大民众对鸦片危害性的认识，唤醒了中国人民的爱国意识，维护了中华民族的尊严和利益，展示出了中华民族反对外来侵略者的决心，对中国人民抗击外来侵略具有标志性意义。

林则徐销烟明志　冉文纪作

关天培血战虎门

关天培，江苏山阳（今淮安市楚州区）人，清末广东水师提督。鸦片战争爆发后，虎门炮台只有少数兵力防守。一八四一年一月，英军乘虚而入，形势万分危急。关天培坐镇前线，向琦善请求增援。琦善怕得罪英国，不肯发兵。关天培极为愤恨，决定死守。他拿出自己的银钱补充军饷，鼓励将士英勇杀敌，又将数枚脱落的牙齿和几件旧衣寄给家眷，表明了与炮台共存亡的决心。二月二十六日，英军向虎门大举进攻。关天培率领将士挥刀上阵，指挥士兵顽强坚守。战斗从中午到深夜，异常惨烈，守卫炮台的将士大半英勇牺牲，关天培也受伤十多处，周身鲜血淋漓，但他仍屹立阵前，亲手燃炮射击。这时，敌人从炮台背后蜂拥而上。为了不使提督大印落入敌手，关天培急令随从把大印带走。随从请他一同撤走，关天培厉声拒绝，坚持指挥，激励士兵奋力苦战。最后，这位年逾六旬的老将不幸中弹牺牲，守卫炮台的四百多名将士也全部壮烈殉国。

关天培血战虎门　冉文纪作

曾纪泽义复伊犁

曾纪泽，湖南湘乡人，清代著名外交家。左宗棠收复新疆之后，伊犁仍被沙俄占据。一八七八年，清廷派崇厚赴俄交涉伊犁问题，在俄方威胁利诱之下，擅自签订了卖国的里瓦几亚条约，割让伊犁以南、以西大片土地。一八八〇年，曾纪泽兼任出使俄国大臣，与沙俄交涉修改条约。他置沙俄政府冷遇于不顾，据理力争，提出事先拟好的改订新约要点。俄方对相关要求十分不满，多次以终止圣彼得堡谈判甚至发动战争相威胁。曾纪泽针对沙俄战争讹诈，大义凛然，表示中国不愿有打仗之事，倘不幸而有此事，中国人坚忍耐劳，纵使一战未必取胜，然中国地方最大，虽十数年亦能支持，想贵国不能无损！最终迫使俄方改订条约。虽然霍尔果斯河以西地区仍为沙俄所霸占，但伊犁及以东二万余平方公里领土得以收回，并取消旧约中俄国诸多特权等规定。这一晚清绝无仅有的外交胜利，受到广泛赞誉。

曾纪泽义复伊犁　冉文纪作

邓世昌壮烈殉国

邓世昌，清末著名爱国将领。邓世昌从小资质聪颖，勤奋好学。清同治六年（一八六七年），沈葆桢出任福州马尾船政大臣，同时开办前学堂制造班和后学堂驾驶管轮班。邓世昌得知此消息后立即禀告父亲，要求报考。开明的父亲毫不犹豫地答应了他的请求。邓世昌在船政学堂攻读五年，各门功课考核皆列优等。后担任北洋舰队『致远』号舰长。邓世昌有强烈的爱国心，常对士兵们说：『人谁不死，但愿死得其所尔！』一八九四年七月，甲午战争爆发。九月十六日，北洋海军提督丁汝昌率舰队护送援军到鸭绿江口。十七日返航旅顺途中，突遇原挂美国国旗后改悬日本国旗的日本舰队袭击。丁汝昌所在的旗舰『定远』号受损，帅旗被击倒，舰队失去指挥。『致远』号管带（即舰长）邓世昌毅然命升起本舰军旗，下令开足马力，准备撞沉日舰灵魂『吉野』号，不幸被鱼雷击沉，全舰二千五百名官兵壮烈牺牲。

邓世昌壮烈殉国　冉文纪作

嗣同横刀向天笑

谭嗣同，清末维新派代表人物。光绪二十四年（一八九八年）六月，光绪皇帝实行变法。八月，谭嗣同奉诏进京，参与新政。九月二十一日，慈禧太后发动政变，光绪帝被囚至中南海瀛台，维新派的康有为、梁启超分别逃往法国、日本，历时一百零三天的变法宣告失败。当时谭嗣同的很多朋友都劝他尽快逃走，但他却说『不有行者，无以图将来；不有死者，无以召后来』，并决心留下来营救光绪帝。几位日本友人力请他东渡日本，他说：『各国变法，无不以流血而成，今日中国未闻有因变法而流血者，此国之所以不昌也。有之，请自嗣同始。』九月二十八日，他与杨深秀、刘光第、康广仁、杨锐、林旭等五人同时遇难。英勇就义前，谭嗣同写下了狱中题壁这首著名的绝命诗：『望门投止思张俭，忍死须臾待杜根。我自横刀向天笑，去留肝胆两昆仑。』

嗣同横刀向天笑　冉文纪作

章太炎登门骂袁

章太炎，浙江余杭（今杭州市余杭区）人，近代著名资产阶级革命家、资产阶级民主主义思想的宣传者，后易名为炳麟。因仰慕顾绛（顾炎武）的为人行事而改名为绛，号太炎。人们按照习惯称他为『太炎先生』。在袁世凯镇压『二次革命』以后，章太炎察觉袁世凯存心不良，于一九一三年八月进京，欲与袁世凯说理。袁不见，章太炎乃以大勋章做扇坠，至新华门痛骂，遂被袁氏幽禁在龙泉寺。章太炎画了一只乌龟，上写袁世凯，每天骂，袁世凯知道后也无可奈何。一九一五年，章太炎被袁世凯幽禁期间，自愿写劝进书，书云：『某忆元年四月八日之誓词，口血未干。公今忽萌野心，妄僭天位，非唯民国之背叛，亦且清室之罪人。某困处京师，生不如死！但冀公见我书，予以死刑，较当日死于满清恶权要之手，尤有光彩！』口中犹骂声不停，以粗话义责袁世凯的倒行逆施。时称章太炎为『民国之祢衡』。

章太炎登门骂袁　冉文纪作

邹容甘当马前卒

邹容，四川巴县（今重庆渝中）人。自幼受中华民族传统思想的影响，具有强烈的民族自尊心。甲午战争后，他读到时务报等维新报刊，成为新思想的热心传播者。一九〇二年，十七岁的邹容到日本留学，受到孙中山革命思想的影响，投身于民主革命斗争。在日本期间，邹容写成革命军，以『革命军中马前卒』署名，深刻揭露清政府的封建专制，被誉为『今日国民之第一教科书』，先后在上海、香港等地翻印二十九版，发行一百万册。清政府惊惶失措，与帝国主义相勾结，制造了震惊中外的『苏报案』，逮捕章炳麟等人。七月一日，十八岁的邹容独自步行到租界监狱，自报姓名，慷慨入狱，被判『监禁二年，罚做苦工，限满释放，驱逐出境』。由于狱中非人的生活，一九〇五年四月三日，邹容病逝于上海提篮桥监狱，时年二十岁。辛亥革命后，孙中山批准追赠邹容为『陆军大将军』荣衔，并赞叹『唯蜀有才，奇俊瑰落』。

邹容甘当马前卒　冉文纪作

陈天华蹈海抗争

陈天华，湖南省新化县人。中国近代民主革命家，华兴会创始人之一，中国同盟会会员。一九〇三年陈天华赴日本留学，同年四月，写血书抗议俄国侵占中国东北三省，并参加留日中国学生组织的拒俄义勇队，作猛回头、警世钟等书，以民众喜闻乐见的形式宣传反帝爱国思想。一九〇四年回国后，陈天华和黄兴、宋教仁在长沙创立华兴会，准备在湖南发动武装起义，事泄逃亡日本。一九〇五年八月，参加组建中国同盟会，任机关报民报的撰述员。当年，日本文部省颁布了取缔清国留日学生规则，歧视中国留学生。陈天华义愤填膺，决心以一死抗议日本，唤醒同胞。他挥笔写下绝命书，鼓励人们『去绝非行，共讲爱国』。十二月八日晨，陈天华蹈海，年仅三十岁。一九〇六年七月十一日，长沙学生与各界数万人，为陈天华举行公葬。

陈天华蹈海抗争　杨静作

鉴湖女侠赛男儿

秋瑾，自号鉴湖女侠，祖籍浙江山阴（今浙江绍兴），近代著名资产阶级革命家，旧民主主义革命时期中国革命妇女的楷模。周恩来总理曾高度评价秋瑾，认为她是带头打破『三从四德』这种封建束缚的『新女性』，是一位反帝反封建革命的『先驱者』。秋瑾因组织金华起义失败被捕。面对凶残的敌人，她大义凛然，威武不屈，于一九〇七年七月十五日在浙江绍兴英勇就义。秋瑾是为辛亥革命而牺牲的第一位女烈士。作为一位受三从四德教育的弱女子，秋瑾面对腐朽没落的社会，满腔热血，一身正气。敢于冲破思想的牢笼，打破封建精神的枷锁，崇尚真理，追求光明，主张共和，坚持男女平等。同时，秋瑾还是一位充满豪气的女诗人，她的『身不得，男儿列；心却比，男儿烈』的诗句体现了她的个性，她的『不惜千金买宝刀，貂裘换酒也堪豪。一腔热血勤珍重，洒去犹能化碧涛』表达了她革命的决心。

鉴湖女侠赛男儿　冉笑作

吴玉章争挂国旗

吴玉章，四川荣县人，杰出的无产阶级革命家、教育家。他年轻的时候曾到日本留学。一九〇四年元旦，学校把各国国旗都挂出来庆贺，可是没挂中国国旗。吴玉章气愤极了，带着中国学生找到校方负责人，提出抗议说：『为什么不挂中国国旗？学校如果不道歉，不纠正错误，我们就罢课，绝食。』校方不满意地说：『平日我们对你那么好，你家经济困难，我们不催你缴学费，还发给你零花钱，你为什么带头反对学校？』吴玉章严肃地说：『学校对我好，我很感谢。但是挂国旗是关系国家荣辱的大事，我不能不誓死力争！』校方只好承认了错误。十年以后，吴玉章出国坐在日本的轮船上，正好赶上一九一四年元旦，船上挂起各国旗庆贺，可仍然没有挂中国国旗。吴玉章记起十年前的那件事，非常痛心。于是，他毫不犹豫地带领船上的中国同胞向船长提出抗议。船长见中国人这样爱国，又这样心齐，慌忙赔礼道歉。

吴玉章争挂国旗　冉文纪作

张自忠壮烈殉国

张自忠，山东临清人，抗日将领。一九四〇年五月，日军为控制长江水上交通线，调集十五万精锐部队发动枣宜会战。张自忠将军本来率部防守襄河以西，当日军攻破第五战区第一道防线，直扑襄阳、枣阳时，身为集团军总司令的张自忠将军，毅然率领预备七十四师和军部特务营东渡襄河，抗击来犯之敌。他写信给河东的第五十九军：『只要敌来犯，兄即到河东与弟等共同去牺牲。』『为国家民族死之决心，海不枯，石不烂，决不半点改变！』渡河后，张自忠将军率部在南瓜店附近顽强抗战，重创日军，并截断了日军后方补给线。在日军以重兵对张自忠将军进行合围后，为牵制日军主力并对日军实施反包围，张将军力战不退，与敌搏杀，最后身中七弹。弥留之际，张自忠将军留下最后一句话：『我力战而死，自问对国家、对民族、对长官可告无愧，良心平安！』旋即被日军杀害，一代名将张自忠壮烈殉国。

张自忠壮烈殉国　杨静作

佟麟阁血洒疆场

佟麟阁，直隶高阳（今属河北）人。中国国民党爱国军事将领，是中国在抗日战争中殉国的第一位高级将领。一九三七年七月七日夜间，卢沟桥事变爆发，佟麟阁力排干扰，主张万众一心，痛歼来犯日寇，守土卫国。七月二十七日，宋哲元下令南苑二十九军部迁入北平。二十八日凌晨五点半，日军先派二十一架飞机分两队轰炸北平四郊，随后，日军对北平近郊发起总攻击，南苑阵地陷入一片火海之中。生死关头，佟麟阁并没有随军部移驻北平城，而是与赵登禹一起，率领留守南苑的官兵及军事训练团的学员、大学生军训班的学生等一同死守南苑。日军飞机轮番轰炸，南苑防御工事被毁殆尽，通信设备也被炸毁，形势万分危急。为保存实力，防止日军截断退路，佟麟阁决定撤守南苑，向北平城转移。当佟麟阁率部退至大红门北时，敌机狂轰滥炸，带伤指挥作战的佟麟阁不幸被弹片击中头部，血洒疆场，壮烈殉国。

佟麟阁血洒疆场　杨静作

吉鸿昌壮烈就义

吉鸿昌，河南扶沟人，中共党员，抗日英雄。一九三四年在天津进行抗日活动时，被国民党特务逮捕。面对敌人『立时枪决』的命令，他镇定地向敌人要来纸和笔，挥笔疾书，写了自己坎坷曲折而终于走向革命道路的一生，历数蒋介石祸国殃民的种种丑行。吉鸿昌从容不迫地走向刑场，用树枝做笔，以大地为纸，写下了浩然正气的就义诗：『恨不抗日死，留作今日羞。国破尚如此，我何惜此头！』吉鸿昌声色俱厉地对国民党喝道：『我为抗日而死，为革命而死，不能跪下挨枪。死后也不能倒下，给我拿把椅子来！』吉鸿昌又命令道：『到前面开枪！共产党员要死得光明正大，决不能在背后挨枪，我要亲眼看着蒋介石的子弹是怎样打死我的！』当特务在吉鸿昌面前颤抖着举起枪时，他振臂高呼：『中国共产党万岁！打倒日本帝国主义！中国革命万岁！』

吉鸿昌壮烈就义　冉文纪作

朱自清拒嗟来食

朱自清，江苏扬州人，原籍浙江绍兴，清华大学教授，中国散文家、诗人、古典文学研究家。抗日战争结束后，美国政府一方面支持蒋介石发动内战，一方面又利用签订条约的办法在中国获取了许多特权。当时物价飞涨，物品奇缺，很多人在饥饿和死亡线上挣扎。中国人民对美国和国民党政府十分不满，反抗的呼声越来越高。美国为了支持蒋介石，运来一些面粉，说要『救济』中国人，好让中国人『感谢』美国，不反对它。朱自清看透了美国的用心，认为美国的救济是对中国人的侮辱。他和一些学者一起，在一份宣言上庄重签名，坚决拒绝美国的『援助』，不领美国的面粉。当时，朱自清患有严重的胃病，拒领救济粮意味着生活更加困难。可是为了维护中国的尊严，他坚决拒绝那些别有用心的『赏赐』。两个月后，朱自清因贫病交加不幸去世。他宁肯挨饿而死，也不肯领带侮辱性的『救济』，表现了一个中国人应有的气节。

朱自清拒嗟来食　冉文纪作

闻一多义对枪口

闻一多，著名诗人和学者，坚定的民主主义战士和爱国主义者。一九四六年七月十一日，民盟负责人、著名社会教育家、当年救国会七君子之一的李公朴，在昆明被国民党特务暗杀。闻一多当即通电全国，控诉反动派的罪行。他为学生报的李公朴先生死难专号题词：『反动派！你看见一个倒下去，可也看得见千百个继起的！』一九四六年七月十五日，在云南大学举行的李公朴追悼大会上，闻一多慷慨激昂地发表了最后一次的讲演，痛斥国民党特务，并握拳宣誓说：『我们有这个信心：人民的力量是要胜利的，真理是永远存在的。……我们不怕死，我们有牺牲的精神，我们随时像李先生一样，前脚跨出大门，后脚就不准备再跨进大门！』下午，他主持民主周刊社的记者招待会，进一步揭露暗杀事件的真相。散会后，闻一多在返家途中突遭国民党特务伏击，身中十余弹，不幸遇难。

闻一多义对枪口　冉文纪作

方志敏不为利诱

方志敏，江西弋阳人，江西党组织的创始人之一，中华苏维埃政府执行委员。一九三五年一月，方志敏带领红军抗日先遣队转战途中，因叛徒出卖而不幸被捕。两个国民党士兵以为找到了发财的机会，就把方志敏浑身上下搜了一遍，但只找到了一块怀表和一支钢笔。方志敏冷冷地说：『你们从我身上是找不到一个铜板的，不要白费劲儿了。』国民党士兵不相信，举起手榴弹威胁说：『快把钱交出来，不然就炸死你！』方志敏冷笑着说：『哼！你们不要做出这种难看的样子来。我是一个铜板也没有。我们革命不是为了发财的！』国民党士兵又把方志敏的鞋和袜子翻了一遍，并在周围草丛里寻找了一番，仍然一无所获，这才相信，在这个『大官』身上确实没有什么『油水』可捞。在狱中，方志敏严词拒绝了国民党的劝降，实践了自己『努力到死，奋斗到死』的誓言。

方志敏不为利诱　冉文纪作

夏明翰从容就义

夏明翰，湖南衡阳人。一九二八年初，夏明翰任中共湖北省委常委，配合新任湖北省委书记郭亮的工作。由于叛徒的出卖，同年三月十八日，夏明翰在武汉被捕。敌人对他施以各种酷刑，逼他交出党的组织。夏明翰坚贞不屈，宁死不降。反动派使出了最后一招，宣布对他『就地处决』。两天后的清晨，他被敌人押送到汉口余记里刑场。当敌人的执行官问夏明翰还有什么话要说时，他大声说：『有，给我拿纸笔来！』在生命的最后时刻，夏明翰昂然写下了那首大义凛然的就义诗：『砍头不要紧，只要主义真。杀了夏明翰，还有后来人！』写完后，大声念了一遍，把笔往地上用力一抛。为了中国人民的解放事业，夏明翰英勇就义，牺牲时年仅二十八岁。几十年来，夏明翰和他的就义诗，激励和鼓舞着一代又一代中国共产党人为了理想信念，为了民族独立和人民解放、国家繁荣富强和人民共同富裕，不惧牺牲，英勇奋斗。

夏明翰从容就义　冉文纪作

赵一曼大义凛然

赵一曼，四川宜宾白花镇人。中国共产党党员，抗日民族英雄，曾就读于莫斯科中山大学，毕业于黄埔军校六期，担任东北抗日联军第三军第一师第二团政委。在与日寇的英勇斗争中，赵一曼被捕，穷凶极恶的日寇对她动用了电刑，企图通过破坏神经达到让她开口的目的。残忍的电刑下，赵一曼终于发出了撕心裂肺的呼喊，因为她的幻觉中，出现了她至爱的儿子、祖国和人民……在走上刑场的前夕，她给儿子写了一封遗书：我的亲爱的可怜的宁儿，妈妈已经到了牺牲的前夕。什么是牺牲？就是在今天以前，你一直在妈妈的怀抱里；而在今天以后，妈妈却只能留在你的记忆里了。我亲爱的儿子，妈妈对得起你，因为妈妈是慷慨赴死的；我的苦命的儿子，妈妈又对不起你，因为你还要艰难地活着。赶快长大成人吧，我的宁儿，长大成人之后，你要自豪地告诉所有的人，你的母亲叫赵一曼。

赵一曼大义凛然　杨静作

杨靖宇顽强作战

杨靖宇，河南确山人，中国共产党的优秀党员，无产阶级革命家、军事家，著名抗日民族英雄，鄂豫皖苏区及红军的创始人之一，东北抗日联军的创建人和领导人。杨靖宇领导东北抗日联军在极端残酷的条件下与日寇长期作战，沉重地打击了敌人。一九四〇年初，由于叛徒告密，敌人发现了杨靖宇，派人追捕他。杨靖宇带领战士们连日奔走，身上多处受伤，饿了吃草根树皮，渴了抓把雪团。最后，身边的战士都牺牲了，他一个人在密林中和敌人周旋，双手握枪，连毙敌人。左手受了伤，就用右手射击。敌人向他喊话，让他投降，他回答的是一连串子弹。直到胸部中弹，他才不屈地倒下。敌人把杨靖宇的遗体送到医院解剖，要看看他靠吃什么顽强地打了这么多天，结果他的胃里一粒粮食也没有，只有树皮、草根和棉絮。杨靖宇把一生贡献给了中华民族和中国人民，得到了党和人民的高度评价和永久怀念。

杨靖宇顽强作战　杨静作

五勇士义昭日月

一九四一年九月二十四日，侵华日伪军三千五百多人突然包围了狼牙山地区，将八路军一部和易县、定兴、徐水、满城四个县的游击队以及周围人民群众共两千多人围住，形势十分严峻。为解救游击队员与当地百姓，杨成武司令员制订了『围魏救赵』的作战方案。为了拖住并吸引日伪军，七连六班班长马宝玉带领葛振林、宋学义等四人边打边向棋盘陀方向撤退，把日伪军引向悬崖绝路。当他们退到棋盘陀顶峰时，子弹已经全部打光，他们就举起石块向日伪军砸去。日伪军发现他们已经没有子弹了，蜂拥般向山顶冲来，并叫喊道：『捉活的，捉活的！』马宝玉、葛振林、宋学义、胡德林、胡福才五人宁死不屈，他们砸碎枪后，高呼『打倒日本帝国主义！』『中国共产党万岁！』等口号，纵身跳下悬崖。马宝玉、胡德林、胡福才三人壮烈牺牲，副班长葛振林、战士宋学义被山崖上的树枝挂住，幸免于难。

五勇士义昭日月　杨静作

叶挺报国志不渝

叶挺，广东归善（今惠阳）人，中国人民解放军的创建人和新四军领导人，中国无产阶级革命家、军事家，毕业于保定军官学校。一九二七年，叶挺参与、领导了南昌起义和广州起义。抗日战争全面爆发后，他担任新四军军长，英勇抗敌，战功卓著。一九四一年一月，国民党顽固派制造震惊中外的皖南事变。在遭国民党重兵包围的情况下，叶挺指挥部队奋起突围，浴血奋战八昼夜，后负伤被捕。面对蒋介石的威逼利诱，他坚贞不屈。在牢房中书写囚歌以明志：『我希望有一天　地下的烈火　将我连这活棺材一齐烧掉　我应该在烈火与热血中得到永生！』。在中共中央严正交涉下，叶挺于一九四六年三月获释。获释后，他的第一件事就是申请重新加入中国共产党，党中央批准恢复了他的党籍。同年四月八日由重庆返延安途中，因飞机失事，叶挺在山西兴县黑茶山遇难，时年五十岁。

叶挺报国志不渝　冉文纪作

刘胡兰英勇就义

刘胡兰，原名刘富兰，一九三二年十月八日出生于山西省文水县云周西村。刘胡兰十岁参加儿童团，一九四五年进中共妇女干部训练班，一九四六年担任云周西村妇救会秘书，后为主任，十四岁被吸收为中共预备党员。一九四六年秋，国民党军大举进攻解放区，文水县委决定留少数武工队坚持斗争，大批干部转移上山。当时，刘胡兰也接到转移通知，但她主动要求留下来坚持斗争。云周西村的反动村长石佩怀为阎锡山军队派粮派款、递送情报，成为当地一害。一九四六年十二月的一天，刘胡兰配合武工队员将其处死。阎锡山匪军恼羞成怒，决定实施报复行动。一九四七年一月十二日，『阎军』突然袭击云周西村，刘胡兰因叛徒告密而被捕，被气势汹汹的敌人带走。刘胡兰在威逼利诱面前不为所动，被带到铡刀前眼见匪军连铡了几个人。刘胡兰怒问一声：『我咋个死法？』匪军喝叫『一个样』后，她自己坦然躺在刀座上。刘胡兰烈士牺牲时，尚未满十五周岁。

刘胡兰英勇就义　杨静作

黄继光舍生忘死

黄继光，四川中江人。一九五一年参加中国人民志愿军。上甘岭战役开始后，黄继光所在营奉命向上甘岭右翼五九七点九高地反击。战斗进行中，山顶附近出现敌人的三挺重机枪、四挺轻机枪突然开始疯狂扫射，阻住了反击部队进攻。上级命令要在天亮前拿下阵地，而此时离天亮只有半个多小时了，黄继光多次请求去执行爆破任务后被批准。他带着两名战士灵活巧妙地利用弹坑和射击间隙迅速跃进，当他们距敌人地堡只有三四十米时，一名战士不幸牺牲，另一名身负重伤，黄继光也多处受伤。他强忍剧痛，继续艰难地爬行着。离天亮只有二十分钟了，敌人的机枪从地堡喷出火舌，进攻部队难以前进。危急时刻，黄继光拖着被打断的左腿，双目喷射着仇恨的火焰，坚定地朝敌人的地堡爬去。猛然间，黄继光以惊人的毅力挺身站起，张开双臂扑向敌堡，用自己的胸膛堵住了敌人的机枪射孔，为反击部队开辟了前进道路。

黄继光舍生忘死　冉文纪作

郭永怀以身殉国

郭永怀，山东荣成人，中国力学家、应用数学家、空气动力学家，中国科学院院士，中国近代力学的奠基人之一。一九九九年，郭永怀被授予『两弹一星』功勋奖章，是二十三位『两弹一星』元勋中唯一获得烈士称号的科学家，也是唯一一位为中国核弹、导弹和人造地球卫星实验工作均做出重大贡献的科学家。一九六八年十二月四日，郭永怀在试验中发现了一个重要线索，急着赶回北京。五日凌晨，郭永怀乘坐的飞机抵达北京机场时不幸坠毁，十几具尸体被烧得面目全非。辨认遗体时，郭永怀与警卫员牟方东紧紧抱在一起，人们费力地将他俩分开后，赫然发现那个装有绝密资料的公文包就夹在两人中间，数据资料完好无损。在生命将尽的最后时刻，郭永怀想到的只是用身体来保护对国家有重要价值的科技资料。二〇一八年七月，国际小行星中心已正式向国际社会发布公告，编号为二一二七九六号的小行星被永久命名为『郭永怀星』。

郭永怀以身殉国　杨静作

钱学森忠心报国

钱学森，世界著名科学家，被誉为『中国航天之父』『中国导弹之父』『中国自动化控制之父』和『火箭之王』，他为国效力，使中国导弹、原子弹的发射向前推进了至少二十年。一九四八年，祖国解放在望，钱学森看到了国家的希望，开始准备回国。他冲破重重阻力离开美国后，与毛泽东等老一辈革命家建立了深厚的友情；他淡泊名利，不稀罕外国名誉头衔，曾请辞『院士』称号。一九五五年初冬，刚刚冲破美国当局阻挠回国不久的钱学森，来到哈尔滨军事工程学院参观。院长陈赓大将问他：『中国人能不能搞导弹？』钱学森说：『外国人能干的，中国人为什么不能干？难道中国人比外国人矮一截？』就这一句话，开启了钱学森从事火箭、导弹和航天事业的生涯。他以对中国火箭导弹技术、航天技术乃至整个国防高科技事业的奠基性贡献，为我军武器装备现代化建设写下了精彩绚丽的篇章。

钱学森忠心报国　杨静作

黄旭华为国埋名

黄旭华，我国第一代核潜艇总设计师，被誉为『中国核潜艇之父』。对于大国而言，核潜艇是重要的国防利器之一。一九五八年，黄旭华凭借出色的专业能力被秘密调至北京，迅速开始了我国第一代核潜艇的论证设计工作。当时，黄旭华和他的战友们用算盘和计算尺计算出了核潜艇上的大量数据。从一九六五年『〇九』计划正式立项不到十年，我国就造出了核潜艇。至此，我国成为继美、苏、英、法之后世界上第五个拥有核潜艇的国家，具备了二次核反击的能力。一九七四年八月一日，我国第一艘核潜艇『长征一号』，正式列入海军战斗序列。当初受命研制核潜艇后，因工作的保密性质，黄旭华的父母和八个兄弟姐妹都不知道他是干什么的，黄旭华和母亲一别就是三十年。父亲去世时，他也没能见上最后一面。直到一九八七年，黄旭华隐秘三十年的生活才渐渐显露于世。面对亲人，面对事业，黄旭华隐姓埋名三十载，默默无闻，寂然无名，却从未有过半句怨言。

黄旭华为国埋名　杨静作

后记

明明德于天下，纳上下于道德

——孝典、廉典、信典、义典编后语

在主编贾瑞增同志纤悉必具的指导下，在社会有关方面的支持下，孝典、廉典、信典、义典至今都已相继面世了。在孝典·前言中我们就说过『中华国学是德育之学』，而且认为道德与政治紧密相连。从某种意义上说，『政治即道德，道德即政治』。以『崇道贵德』为宗旨的这套书的编辑和出版，力图有助于推进习近平中国特色社会主义新时代提出的『培根铸魂』的重大课题，弘扬社会主义核心价值观；力图有助于促进党的廉政建设，推进伟大工程，进行伟大斗争；力图以德化人、以德育人、以德培元，促进中华民族伟大复兴的历史进程。

一

中华民族是礼仪之邦，自古就有优良的道德传统。伏羲时代发明了八卦，纳天地人于『道』；炎黄时期发明了五行，合物我于一『德』。崇道贵德而垂统，这就是孔子所说的『祖述尧舜，宪章文武』，孟子所谓的从尧舜禹、商汤文武周公到孔子的『道统』。对待传统，中西方是有显著区别的。十八世纪，西方的启蒙思想家，早期的如伏尔泰、孟德斯鸠等人，晚期的如卢梭等人，均视传统为大敌，没有历史地看待传统，认为凡传统的

都是不合理的，当代的才是合理的，必须用理性来克服传统，批判传统。我们的思维与此不同。我们认为，中国的传统文化、传统礼仪、传统道德，都贡献了历史理性，都有其历史必然性，应当历史地看待『先王之道』，坚持古为今用，在学习研究的基础上做出创新性转化和创造性发展。

中华传统道德规范，是在漫长的奴隶社会、封建社会中不断形成和发展的，经历了原生形态、次生形态和再生形态。中华传统道德规范的原生形态在先秦时期已经成熟。夏、商、周三代的兴替，特别是偏处西方的『小邦周』能战胜『大邑邦殷』，使周人深刻意识到道德的强大力量，对原始的天命观有了新的认识，『天视自我民视，天听自我民听』，『民之所欲，天必从之』，提出了『民为邦本』『为政以德』的『德治』理念。春秋时期，面对社会变革，孔子把对天命的信仰转化为人的道德自觉，指出社会的正常发展要与人的道德理想化相统一。为此，将『仁、智、勇、孝、悌、忠、信』作为君子圣贤理想人格必备的标准和条件。周易对此阐述为『与天地合其德，与日月合其明，与四时合其序，与鬼神合其吉凶』，即是说人道在与天道、地道的内在贯通中『内圣』为君子完人，从而将『道术』所具有的安身立命和治国安邦两大『外王』功用鲜明地表达出来。在古典文本中一般而论，儒家多言『君子』，道家多言『圣人』，这与儒家重『仁』和道家重『道』相契合。与此相近的是禅宗宣扬的理想人格——佛者，所谓『佛者』，按慧能的界说：『佛者觉也』，即『识心见性』的大成者也。

唐代中叶，随着对佛教思维模式弊端的了解，一部分儒家士大夫呼吁复兴儒教。到宋明时期，复兴儒教成为广泛的社会思潮，程朱理学、陆王心学等新儒学兴起，提出『心统性情』『天理人欲』的心性之学，使道德性情的内涵和实践方式具有了次生态的超越性。从明中晚期到鸦片战争，『明道救世』成为社会的主流意识，『天下兴亡，匹夫有责』『君子之学，死而后已』，实践化的人生态度和实事求是的学术精神，开启了中国近代思想道德价值的大门。

二〇一四年四月一日，习近平同志在比利时布鲁日欧洲学院讲话时指出：『孝悌忠信，礼义廉耻、仁者爱人、与人为善、天人合一、道法自然、自强不息等，至今仍然深深影响着中国人的生活。』十九大报告指出要『深入挖掘中华优秀传统文化蕴含的思想观念、人文精神、道德规范，结合时代要求继承创新』。这就要求我们对待传统道德要在继承中创新，要将其融入新时代的道德建设之中，使之获得更强大的生命力。

在弘扬优秀传统道德的基础上形成的与中国特色社会主义实践相适应的社会主义核心价值观，以社会主义制度为基础，以人民为中心，以人民对美好生活的向往为奋斗目标，以个人全面发展、社会全面进步和生态全面改善为主旨，以依法治国和以德治国相结合为治国方略，彻底破除了旧的传统道德的王权制、宗法制基础。尤其是把传统道德内涵的『亲亲而仁民，仁民而爱物』升华为『为人民谋幸福，为民族谋复兴，为世界谋大同』，充分彰显了社会主义核心价值观的崇高境界。我们在编写这套书时，以十九大精神为指导，无论是『典论篇』还是『践行篇』，注重选材，在继承中国优秀传统文化中合理内容的同时，都进行了必要的创造性转化和创新性发展。

二

当前，中国特色社会主义建设事业进入新时代。实现中华民族的伟大复兴，是近代以来中华民族最伟大的梦想。实现这个目标，是中国道路、中国理论、中国制度和中国文化的历史责任。从这个意义上说，中华民族的伟大复兴也就是中华文明在当代的复兴。

『文化』为『文而化之』之义。最早见载于『易经』：『观乎人文，以化成天下』，这是『文化』概念的发端。在早期文字中，『文』与皱纹的『纹』是相通的，意指人在幼年之时无皱纹，同时也没有知识、经验、智慧、教训。

随着年龄的增长，阅历的丰富，人逐渐有了相应的知识、经验、智慧、教训的积累，同时也有了皱纹。故『人文』就是指人的社会知识、经验、智慧、教训的积累，再用这样的积累去教化人、影响社会，从而形成社会文化。社会文化发展到一定程度、一定阶段，出现社会文明或进入更高级形态的社会文明。

道德是什么？道德就是我们的古圣先贤在对『人文』，即人积累的知识、经验、教训、智慧等，进行总结提炼的基础上，概括提出的人的思维准则和行为规范。这思维准则和行为规范对社会文化和社会文明做出了价值判断、是非判断、取舍判断，这就形成了传统道德规范，就是圣人所谓的『文明以止，人文也』。所以说，文化是文明的核心，而道德则是文化的灵魂。从这个意义上说，『中华传统道德是中华传统文化的灵魂』。所谓『文化自信』，其核心是树立道德自信。例如，中国传统文化中关于道法自然、天人合一思想，天下为公、世界大同的思想，自强不息、厚德载物的思想，民为邦本、富国安民的思想，为政以德、政者正也的思想，革故鼎新、与时俱进的思想，经世致用、知行合一的思想，讲信修睦、天下一家的思想等，这些不仅是中华传统优良道德的化用，还深深蕴含着我们共产党人的精神和道德追求。基于这个道理，中华民族伟大复兴的根本价值取向应是：在历史和现实的基础上，创生一种能够开创中国和世界未来的新型文明，即超越现代资本主义文明的更高级的社会主义文明形态，为世界文明发展提供更多有益元素和良性选择，进而引领人类文明的发展。这种更高级的社会主义文明形态，必须以高尚的社会主义伦理道德为灵魂，以社会主义核心价值观为引领。这是中华民族伟大复兴和世界文明不断发展的时代使命。

习近平同志在哲学社会科学工作座谈会上谈到文化自信时说：『文化自信是更基本、更深沉、更持久的力量。历史和现实都表明，一个抛弃了或者背叛了自己历史文化的民族，不仅不可能发展起来，而且很可能上演一场历史悲剧。』这番话既深刻又尖锐，值得我们认真思考。

二十世纪三十年代曾发生过中国文化的出路何在的争论，参加者主要是一些文化学者。自鸦片战争以来，中华民族的文化自信备受摧残，民族虚无、历史虚无和文化虚无的思潮在部分国人中滋生蔓延，其突出的特征是盲目推崇西方文化，其秉持的信条就是『西方中心主义』。这些人以胡适为代表，认为中国『百事不如人』。如胡适所云：『我们必须承认我们自己百事不如人，不但物质机械上不如人，不但政治制度不如人，并且道德不如人，知识不如人，文学不如人，音乐不如人，艺术不如人，身体不如人。』我们不好说胡适的过激言论真实用意全是坏的，他后来也自我解嘲说，这是想让大家拼命地走极端，然后才能『法乎其上，得乎其中』。这种『全盘西化论』的完全错误的历史观和文化观，时至今日仍然有它的市场。与此相对立的即本土派，把『六艺』『十三经』尊为『王教之典籍，先圣所以明天道、正人伦、致至治之成法』。梁启超说，宋元之后『四书』成为全社会最基础的读物，故而成为大众『一般常识之基础，且为国民心理之总关键』，学者应该奉为圭臬，视为天经地义。梁启超还为国人开列了『国民必读基本书目』，其中论语被列为第一本，并说：论语为两千年来国人思想之总源泉，『六经』实为古书之中最见宝贵者；朱自清在经典常谈提倡开展国民读经教育，『在中等及中等以上的教育里，经典训练应该是一个必要的项目』；马一浮更声言，全部中国文化都可以统摄于『六经』之中，『国学者，六艺之学也』，一切学术之源皆出于此，其余都是『六艺』之支流。两种意见壁垒对阵，一时甚嚣论坛。

文化自信问题不仅属于文化，它与国家的独立、民族的复兴密不可分。如果不依靠人民，不以人民为中心，如果不实现中华民族站起来、富起来、强起来，无论是全盘西化论者，还是中国文化本位主义者，都无法确立中国文化的自信。毛泽东同志针对三十年代出现的关于文化自信的争论，于一九四〇年撰写的新民主主义论，站在马克思主义文化观的高度，把文化问题与中国向何处去的问题联系在一起，提出了建设由中国共产党领导的全民族的、人民大众的、反帝反封建的新民主主义文化。中华人民共和国成立前夕，毛泽东同志明确指出：『自从中国人学会了马克思列宁主义以后，中国人在精神上就由被动转入主动。从这时起，近代世界历史上那种看不起中国人，看不起中国文化的时代应当完结了。伟大的胜利的中国人民解放战争和人民大革命，已经复兴了并正在复兴着伟大的中国人民的文化。这种中国人民的文化，就其精神方面来说，已经超过了整个资本主义的世界。』

文化自信当然包括红色文化的自信。红色文化是我们党领导人民在长期的革命斗争中创造的革命文化，是和我们的实际生活、实际斗争紧密结合在一起的，是毛泽东思想培育出来的，是革命烈士的鲜血、革命人民的汗水浇灌出来的文化，是充满炽热革命激情、家国情怀的高尚文化，其中饱含着杀身成仁、舍生取义、视死如归、移忠作孝的精神，继承和创新了中华民族优良道德传统，更具有现实的教育意义。习近平同志多次指出：『中国革命历史是最好的营养剂』，强调『要把红色资源利用好，把红色传统发扬好，把红色基因传承好』。遵照习近平总书记的有关指示，我们在这套书的践行篇安排了一定比例的红色文化故事，这既是对革命前辈、革命烈士的纪念和敬仰，也是对污蔑、歪曲、丑化革命历史和革命英雄的虚无主义的回击。二〇一九年五月二十日，主编贾瑞增同志已经收到『中国红色文化研究会』的通知，刚刚出版的孝典、廉典已入选中国红色文化研究会评选的『红色文化精品图书目录』，将在弘扬红色文化工作成效显著的全国百佳单位『红色文化书屋』永久收录展示。

三

中华人民共和国成立七十周年了，也就是说我们这个成立近百年的政党已经执政七十周年了。新中国的七十年，在人类历史长河中只是短暂的一瞬，却深刻地改变了中华民族和中国人民的命运。七十年前，旧中国战乱频仍、山河破碎、满目疮痍、民不聊生。而今早已旧貌换新颜，我国的经济实力和综合国力名列前茅，中华民族伟大复兴的壮丽征程迎来万丈曙光。忆往昔峥嵘岁月稠，中华大地沧桑巨变，换了人间。历史已经雄辩地证明，中国共产党是全心全意为人民服务的伟大的党，是全心全意为中国人民谋幸福、为中华民族谋复兴的英明的党。

在新时代的长征中，我们党还面临着许多风险和挑战，还要战胜许多艰难险阻。因此，全面加强党的建设成为必不可少的伟大工程。早在庆祝建党九十周年的大会上，党中央就明确指出：提高党的领导水平和执政水平，『面临着前所未有的新情况、新问题、新挑战。精神懈怠的危险，消极腐败的危险，脱离群众的危险，更加尖锐地摆在全党的面前』。

十八大以来，以习近平同志为核心的党中央，以『踏石留印、抓铁留痕』的力度，以『打虎』『拍蝇』『猎狐』等一系列行动，以『不歇脚、不松劲、不停步』永远在路上的决心惩治腐败，推进廉政建设。深得党心、军心、民心，凝聚起了强大的实现中国梦的信心和力量。

为什么这些年来会出现令人担忧的腐败问题？腐败问题已经成为世人高度关注的问题。有人从个人或特殊群体的价值观偏差、理想信念缺失的角度探讨腐败产生的原因；有的从相对多元化的视角出发，认为腐败的产生是经济、政治、社会、思想等因素综合作用的结果；还有的人认为改革开放以来，我国由计划经济转向市场经济，增加了腐败滋生的可能性等。应该说，上述观点都有一定的道理，但是我们认为应该从事物本身的矛盾中去寻找答案。马克思、恩格斯说过，现代化就是一个乡村从属于城市、农业民族从属于工业民族、东方从属于西方的过程，也即『世界历史』资本殖民开始的历程。这个过程是西方中心主义或者说西方普世价值观大行其道的过程。在这个过程中，正如当代哲学家、思想家们所关注的：人的『现代性存在着危机甚至是某种重大的危机』。这种现代性危机的根源何在？笔者认为，这是人自身需要和欲望恶性膨胀的结果。具体而言，市场经济的极致化和普遍统治，工业和科学技术的高速发展，与此相适应，人们的需要也由对使用价值的追求变成了对价值的追求。马克思在资本论中指出，在自然经济条件下，人们追求的主要是使用价值，因而是有限的、有止境的。而在市场经济条件下，人们追求的是价值。价值的增值和扩张是无限的，因而人们对价值的追求也是无限的和无止境的，由此会导致『致富欲和贪欲作为绝对的欲望占统治地位』。而恰恰由于我们在一段时间里忽视了思想教育，致使全盘西化的思潮一度泛滥，造成一些人理想信念崩塌，道德观价值观扭曲，这就是腐败多发、群发的思想基础，也是一些贪官受贿上亿甚至几亿仍不收手的思想根源。

中华传统道德无论从整体还是具体到各个子目而言，其基点是『克己为人』『克己从众』，核心是群众责任观，即我们今天所说的『群众观点、群众立场』。孔子所主张的『仁者爱人』『博施于民，而能济众』『宽则得众』『选于众』『容众』；孟子的『民为邦本，君为轻，社稷次之』；荀子的『君者，舟也；庶人者，水也。水则载舟，水则覆舟』，都体现了儒家的群众责任观。荀子的『群众不能移也』（荀子·劝学），是『群众』一词最早出现在古代典籍上。中华传统道德的群众责任观具有双重意蕴，就是要正确处理好『己』和群众、他人的关系，要『克己为人』『克己从众』，所以说我们的传统道德是『为己之学』，要求自己要修身，克己复礼。礼是为大众的。周礼·大宗伯云：『大师之礼用众也，大均之礼恤众也，大田之礼简众也，大役之礼任众也，大封之礼合众也。』孔子提倡为政以德就含有执政与修身双重意蕴，一方面要实行德政、仁政，另一方面执政者首先要有高尚的道德并做出样子来，『政者，正也。子率以正，孰敢不正』？毛泽东同志汲取了中华传统道德的群众责任观，在长期革命斗争的实践中加工改造并升华为我们党的根本宗旨、党的三大优良作风和党的群众路线，是当代中华文化核心基因的重要标识，也是马克思主义中国化的光辉范例。

从本质上说，道德问题说到底是自己如何对待群众的问题。腐败问题实质是违反、背离甚至抛弃了党的宗旨、党的群众观点和群众路线的。从已经查处的腐败官员的案例可知，腐败问题多是由道德失范转化为政治问题的，都是广大群众深恶痛绝的。道德沦丧和政治腐败是等值的、同时的。在全党开展的『不忘初心、牢记使命』的主题教育，既是从政治上、思想上建党，一定意义上也是党在道德上、作风上的回归。

我们这样说，并不是否定或取代法律素养的作用。关于法治和德治的关系问题，习近平同志已做了精辟论述：『法律是成文的道德，道德是内心的法律。法律和道德都具有规范社会行为、调节社会关系、维护社会秩序的作用，在国家治理中都有其地位和功能』，『法安天下，德润人心』。『法治和德治不可分离、不可偏废，国家治理需要法律和道德协同发力。』我国有着悠久的德法合治的传统。自汉代以迄清末，一直是『礼法并用，德主刑辅』，其效果在历史上也不乏营造了多次文明盛世，值得我们借鉴。

四

中华传统道德是一个完整的价值体系，它涵盖了中国社会的各个方面，对人们社会活动的所有领域的思想意识和行为举止都做出了系统的价值规范，正是这一完整体系和系统的价值规范，构成了泱泱大国、礼仪之邦的思想之魂。而今道德缺失竟然发生在我们这个有着五千多年文明史的礼仪之邦，岂可安然坐而视之！主编组织我们从当前道德缺失的实际出发，以数千年来的生生不息、绵延发展的『明德』为根，以正在引领中国走向伟大复兴的社会主义核心价值观为魂，编写孝典、廉典、信典、义典，『明明德于天下』，努力探索和践行新时代『培根铸魂』的社会工程。

有人会问，五千多年的文明史给我们留下了丰厚的道德资源，为什么只选编这四典呢？

第一，孝、廉、信、义这四目在传统道德体系中明德地位彰显，延展性强，关联度高，言得其要，理足可传。如孝为德之本，道德之始源；廉为政之本、仕之本；信者诚也，为立人之本、立政之本、进德修业之本；义者正也、宜也，人之正路也，为道德之总称。这四目深入人心，塑造了中华民族特有的信仰追求。

第二，这四目涵盖了国家、社会、公民各个层面，针对性、现实性都很强，保持了中华传统道德体系的整体性、统一性。

第三，这四目与当代社会主义核心价值观表里相济，桴鼓相应，把历史和现实结合起来，以『培根铸魂』为要旨，既有利于传承中华民族的传统道德精神，又有利于弘扬当代社会主义核心价值观。

这种设计体现了主编长期『阔视于著述之场，扶导圣教』的深思熟虑。『大学之道在明明德，在亲民，在止于至善……自天子以至于庶人，一是皆以修身为本』，其崇道贵德意义是隽永的，是放之古今而皆准的。这套书从设计到选材，展示了主编亲身经历了建国七十周年的历史，艰辛备历，与共和国一道走来，放眼新时代的征途，以『明明德于天下，纳上下于道德』的拳拳之心，为实现中华民族的伟大复兴尽一腔微薄之力。铁肩担道义，难辞老已至！

由于我们这些做具体工作的同志学力不足，水平不高，典论篇、践行篇都存在选材不广、不精甚至不当之处；在前言和编后语也难免有一些提法失宜之处；编辑组中的画家、书法家都是知名度很高的艺术家，但由于题材历史跨度长，有的题材超出了作者的专业熟悉范围，影响了艺术水平的发挥，也难免会有个别不尽如人意的地方，敬请读者指正。

出版该套丛书，保定市委市政府、保定市纪委监委、清山房地产开发有限公司、河北瀚尊房地产开发有限公司、保定市中翔房地产开发集团有限公司都给予了大力支持和帮助，在此表示衷心感谢！

编写组

二〇一九年十月